東京新聞

よく晴れた日、ゆる山歩きへ。

丘陵散歩や海岸歩き、自然公園散策。
自宅から近い、あるいはアクセスが便利な自然の中へ。

木々や草、花の匂い。
柔らかな日差しが体を温め、風が顔をなでる感覚。
鳥のさえずりや沢のせせらぎ。

ゆっくり、のんびり、五感で自然を満喫しましょう。
歩き終えるころには、
すっきり、穏やかな気持ちになっているはず。

思い立ったら気軽に歩ける山や自然散策路を中心に
50の「ゆる山ルート」をご案内しています。

ゆるいからこそ、いつでも始められますよ。
その気になったら、気軽に足を運んでみませんか。

またまた
ゆる山歩き
その気になったら山日和

contents

はじめに　002
さくいんマップと本書の見方　006

HOW TO ゆる山歩き
服装と持ち物　008
疲れず楽しく歩く　009
プランニング　010

アフターゆる山
下山後グルメ　040
ショッピング　068
至福の温泉　098

春

日向山（埼玉県）山頂の展望と春の花木をめでる……014
マザー牧場（千葉県）一面の菜の花畑を歩く……016
衣笠山公園（神奈川県）桜と海　眺めてくつろぐ……018
長瀞岩畳（埼玉県）川と岩が織りなす造形美……020
長沼公園（東京都）のんびり雑木林をめぐる……022
吉見百穴（埼玉県）古墳時代に思いはせる……024
お猿畠の大切岸（神奈川県）古い石切場の跡を訪ねる……026
手賀沼公園（千葉県）新緑美しい水辺を歩く……028
仙元山（埼玉県）武蔵の小京都で里山散策……030
逗子仙元山（神奈川県）山頂から見渡す相模湾……032
伏姫籠穴（千葉県）八犬伝ゆかりの地を訪ねて……034
登計トレイル（東京都）初夏の森林でリフレッシュ……036
羅漢山（埼玉県）素朴な石仏たちを訪ねて……038

夏

加住丘陵（東京都）緑を求め　住宅街を抜けて……044
観音崎公園（神奈川県）海沿いの道を歩き灯台へ……046
岩井堂（埼玉県）秩父札所巡りで山歩き……048
那須自然研究路（栃木県）心地よい樹林歩きと展望……050
高尾山（東京都）静かな樹林を歩いて山頂へ……052
氷取沢市民の森（神奈川県）小川のせせらぎ心地よく……054
大岳沢の大滝（東京都）迫力満点の水しぶきで涼を……056
殺生石・展望台コース（栃木県）芭蕉も訪れた名勝へ……058
神戸岩（東京都）神秘的な渓谷歩き……060
おしらじの滝（栃木県）美しい滝壺に魅了……062
夢の庭園（山梨県）自然がつくった雲上庭園……064
北奥千丈岳（山梨県）絶景広がる奥秩父最高峰……066

秋

六国峠ハイキングコース（神奈川県）歴史感じながら樹林の道……072
箱根石仏めぐり（神奈川県）仏たち目指し石畳の道……074
金比羅山（東京都）木々の間から関東平野……076
くりはま花の国（神奈川県）四季折々、秋はコスモス……078
金神の滝（千葉県）岩壁流れ落ちる迫力……080
吾妻山（神奈川県）色づいた木々を楽しむ……082
披露山公園（神奈川県）富士山と相模湾を一望……084
香貫山（静岡県）眼下に曲線美しい駿河湾……086
日向薬師（神奈川県）山門くぐり参道、古刹へ……088
稲取細野高原（静岡県）陽光に輝くススキの草原……090
高津戸峡（群馬県）関東の耶馬渓、錦秋の渓谷……092
秋川渓谷（東京都）楽しみたい名残の紅葉……094
養老渓谷（千葉県）錦秋に輝く粟又の滝……096

冬

あさひ山展望公園（埼玉県）初日の出にもおすすめ……102
滝山公園（東京都）尾根道を歩き山城跡へ……104
岩殿観音と物見山（埼玉県）里山の古刹と展望を楽しむ……106
高崎公園（千葉県）海岸の向こうに鋸山……108
柏木山（埼玉県）低山とは思えぬ展望……110
勝上嶽（神奈川県）鎌倉の森と眺望を楽しむ……112
鋸山（千葉県）車力道から石切場の跡を巡る……114
陣馬山（東京都・神奈川県）氷の花を求めて冬枯れの山へ……116
長瀞アルプス（埼玉県）日だまりの尾根歩き……118
田浦梅の里（神奈川県）青い海と梅の花が競演……120
筑波山梅林（茨城県）山麓で咲き匂う紅白の梅……122
大楠山（神奈川県）三浦半島望む展望の頂へ……124

コースガイドについて

- 本書は、東京新聞　首都圏情報「ほっとなび」の連載「ゆる山歩き」（2019年9月～2021年3月）、「ゆる山散歩」（2021年4月～2023年4月）を、単行本化にあたり加筆、再構成しました。
- 本書に記載の交通機関、市町村問い合わせ先等のデータについては、2023年11月現在のものを使用しています。これらについては変更される場合がありますので、事前に必ずご確認ください。
- データ部分のアイコンは
  交：登山口までの交通機関　▶：コースタイム　WC：トイレ情報
  ！：アドバイス　問：市町村問い合わせ先
- コースタイムは、実測をもとに、健康な成人が要する標準的な歩行時間を記載しています。休憩時間は含めません。体力や天候などで変化しますので、あくまでも目安として考え、無理のない計画を立て、行動してください。
- 本書に掲載の地図は必ずしも現地での道案内に十分ではありません。歩くときには登山地図やハイキングマップなどをお持ちください。

さくいんMAP

▲＝はる　▲＝なつ
▲＝あき　▲＝ふゆ
（ ）内は掲載ページ

那須自然研究路（50）
殺生石・展望台コース（58）
おしらじの滝（62）
高津戸峡（92）
羅漢山（38）
長瀞岩畳（20）
長瀞アルプス（118）
筑波山梅林（122）
吉見百穴（24）
日向山（14）
岩殿観音と物見山（106）
岩井堂（48）
仙元山（30）
夢の庭園（64）
北奥千丈岳（66）
登計トレイル（36）
あさひ山展望公園（102）
柏木山（110）
神戸岩（60）
大岳沢の大滝（56）
手賀沼公園（28）
秋川渓谷（94）
金比羅山（76）
加住丘陵（44）
陣馬山（116）
長沼公園（22）
高尾山（52）
滝山公園（104）
六国峠ハイキングコース（72）
日向薬師（88）
氷取沢市民の森（54）
田浦梅の里（120）
吾妻山（82）
衣笠山公園（18）
大楠山（124）
勝上嶽（112）
観音崎公園（46）
箱根石仏めぐり（74）
マザー牧場（16）
金神の滝（80）
養老渓谷（96）
お猿畠の大切岸（26）
香貫山（86）
鋸山（114）
逗子仙元山（32）
披露山公園（84）
伏姫籠穴（34）
高崎公園（108）
稲取細野高原（90）
くりはま花の国（78）

歩きやすさ重視、まずはあるもので

服装と持ち物

▼服装

汚れてもいい動きやすい服、履き慣れた歩きやすい靴を用意します。歩くだけとはいえ、長い距離を歩きますから、スカートよりパンツ、ブラウスよりTシャツなどのほうがよいでしょう。靴も革靴やサンダルでなく、スニーカーやトレッキングシューズなど、長く歩いても疲れにくい靴を選びます。

　歩いていると汗をかくので、汗をよく吸って乾きやすい素材のシャツが望ましいです。綿のシャツは汗をよく吸いますが乾きにくいので、暑い時季は替えのシャツを持っていくとよいでしょう。

▼持ち物

　日帰りのゆる山歩きなら、飲み物、お弁当とおやつ、タオル、雨具、歩くルートの資料（地図やガイドブック）など。山には売店や自動販売機がないので、飲み物や食べ物はあらかじめ用意します。雨具は必ず持っていきましょう。晴れ予報の日でも、山では急に雨が降ることがあります。登山用の雨具がベストですが、コンビニなどで売っているビニールのレインコートと折り畳みの傘でもよいので持っていきます。

　両手をあけてバランスよく歩くため、手提げカバンや肩掛けカバンではなく、リュックサックに道具を入れます。1～2時間のゆる山なら、普段使いのデイパックで十分です。

　登山・アウトドア専用の服や道具を全部買いそろえる必要はありません。まずはあるもので始めてみて、山歩きがおもしろくなってきたら、少しずつ揃えていきましょう。

疲れず楽しく歩く

街歩きの2倍ゆっくりがポイント

▼歩くペース

山歩きはゆっくり、休まず歩くと疲れにくいのです。おしゃべりをしながら歩いても息が切れない程度のスピードで、ゆる山歩きなら、25～30分歩いて5分程度休憩するのを1サイクルとして、歩くといいでしょう。

上り道では、「街を歩くときの2倍ゆっくり」で。小またでチビチビ、ゆっくりと足を運びましょう。1段ずつ踏みしめるように、ゆっくりと一定のペースで上っていきます。駅の階段を駆け上がるように早足で上ってしまうと、一気に息が上がってしまいます。「休まずに」といっても、よい景色やきれいな花を見つけたら、立ち止まって写真を撮ったりするのはもちろんOKです。

▼水分補給

歩いていると汗や呼気で、水分が体の外に出ていくので、出ていった分を取り入れる必要があります。とくに雨や霧の日や、寒い時は体から水分が出ている実感がなく、飲み物をとらなくなりがちです。2～3時間程度の山歩きなら、500ミリリットル程度の飲み物を持ち歩き、のどが渇いたと感じていなくても、休憩時には飲むようにしましょう。

▼栄養補給

水分と同様に、歩いているとエネルギーも消費されていきます。行動食（おやつ）を持っていき、休憩時に食べるようにします。チョコレートや飴、小分けになったようかんなどが食べやすく、カロリーも高いのでおすすめです。

「とりあえず行ってみよう」よりも、事前に調べて計画を立てるほうが、効率的かつ安全に、山歩きを楽しめます。

▼コースの下調べ

どのくらい歩くのか、歩きにくい危険な場所はないかなど、コースの下調べを します。山歩きのガイドブックが役に立ちますし、市町村のホームページにハイキングマップやコースの紹介が掲載されていることもあります。散策路が通行止めになっていたり、変更されていないか、必ず現地のホームページなどで最新の情報を確認しましょう。

花や紅葉を目当てに出掛けるときは、現地情報をチェックしていきます。地元観光協会や山麓のビジターセンターが、ホームページやSNSで情報を更新しているのが参考になります。

下調べで安全に楽しく

プランニング

▼アクセス情報

登山口までの電車やバスの便を調べます。登山口と下山する場所が違う場合は下山地の交通情報も忘れずに確認を。

スムーズな乗り換えでなるべく早く現地に到着できるよう、電車やバスの時刻を確認しておきます。バスの時刻はバス会社の公式サイトで時刻表の検索を。乗換案内のサイトやアプリも有効ですが、電車の遅延や乗り換え時に戸惑うことを想定し、乗り継ぎ時間に余裕のある設定にしておくとよいです。

マイカーでアクセスをする場合は、登山口の駐車場情報（場所、有料／無料など）を調べておきましょう。時季によってはマイカー規制を行っている山もあります。ハイシーズンは道路渋滞や駐車場に入るまでの渋滞で、目的地にたどり着くのに大幅に時間がかかる可能性があります。自宅を早朝に出発するか、公共交通機関の利用を検討しましょう。

▼1日の予定を決める

コースやアクセスの下調べをもとに、何時に自宅を出て、何時から歩き始めるか、1日のおおよその予定を考えます。登山用の地図やガイドブックに書かれたコースタイムは、休憩の時間を含めていません。休憩や昼休みを考えると、書かれているコースタイムの1・5〜2倍が、実際にかかる行動時間と考えます。

歩行時間の短い山歩きでも、早め出発、早め下山を心がけましょう。展望のよい山は、朝早いほうが空気が澄んで山々がよく見渡せます。秋は日が落ちるのが早く、午後の早い時間から樹林の中が薄暗く感じるでしょう。歩行時間が2時間程度の山歩きでも、朝10時には歩き始めるようにしたいものです

▼天気予報

ゆる山歩きは、天気のよいときに行くのが快適です。雨の日は寒いですし、未舗装で木の根や岩が露出している道は濡れると歩きにくく、木道も滑りやすくなります。前日までに大雨が降っていたような場合も要注意。道のぬかるみがひどく、歩きにくい場合があります。

前日に天気予報を確認してお出掛けください。市町村ごと、1時間ごとの天気予報が見られる気象予報サイトもあります。晴れか雨かだけでなく、気温も重要です。テレビのニュースの天気予報では、天気の傾向（気温が高め／低め、回復傾向／午後から崩れるなど）の解説をチェックしておくとよいでしょう。

春

草花に出合う、ゆる山散歩。

足元に咲く小さな小さな花、
頭上に咲き乱れる花木。
どこかからふわりと漂う花の匂い。
春の山はゆっくり歩くほど、
たくさんの出合いがあります。

山頂の展望と春の花木をめでる

日向山

ひなたやま

633m　2時間00分

サクラやツツジ、春の花木を楽しむ駅からハイキングはいかがでしょう。西武秩父線芦ケ久保駅の北側にそびえる日向山は、心地よい樹林歩きと山頂付近の展望がすばらしい低山です。

芦ケ久保駅をスタートし、まずは農村公園を目指します。舗装道路歩きですが、傾斜がだいぶ急です。赤いローラー滑り台が印象的な農村公園を突っ切り、トイレの脇から山道に入っていきます。何度か車道に出て、また山道を歩く……を繰り返します。横切るところや分かりにくい分岐には道標がつけられており、「あしがくぼ山の花道」方面に進みます。

「山の花道」の地図の案内板を過ぎ、丸太の階段を進んでいくと稜線に出て、最後の上りをがんばると、日向山の山頂です。木造の展望台があり、目の前に武甲山や二子山が眺められます。周りに見える山々を案内する解説板もあり、天気に恵まれれば雲取山や甲武信ケ岳なども眺められます。

景色を堪能したら、来た道を芦ケ久保駅に戻ります。山を歩き慣れている人なら、琴平神社から風の道コースをたどるのもおすすめです。心地よい雑木林の道ですが、急な下りや落ち葉がたまって歩きにくいところがあります。下山後は道の駅「果樹公園あしがくぼ」で、地元の特産品を求めるのもよいでしょう。

❶山頂直下、春は桜の花越しに武甲山を眺められる　❷山頂には木造の展望台が立つ
❸前方にたおやかな山容の日向山が眺められた

食買

道の駅果樹公園あしがくぼ

西武秩父線芦ケ久保駅に隣接する道の駅。秩父の特産品や新鮮な野菜や果物が豊富に揃う直売所や、秩父のご当地グルメが味わえる食堂がある。

埼玉県横瀬町芦ケ久保1915-6　TEL0494-21-0299

- 🚉：西武秩父線芦ケ久保駅下車
- ▶：芦ケ久保駅（30分）農村公園（40分）日向山（30分）農村公園（20分）芦ケ久保駅
- WC：農村公園、山頂直下の駐車場などにあり
- ❢：山歩きと合わせて、果樹公園村でイチゴ狩りなどを楽しむのもよい
- 問：横瀬町観光協会　TEL0494-25-0450

千葉県

一面の菜の花畑を歩く

マザー牧場

まざーぼくじょう

一足早く、春を感じる旅に出掛けましょう。

千葉県富津市、鹿野山（かのうざん）に広がるマザー牧場は、３５０万本の菜の花畑が人気です。一面に広がる黄金色のお花畑の中をのんびりと歩いてみませんか。

山の上ゲート、まきばゲートの2つの入り口がありますが、路線バスや高速バスが停車するのはまきばゲートです。

場内で菜の花畑が楽しめるおすすめの場所が「花の大斜面・西」です。山の斜面を埋めるようにびっしりと菜の花が咲き、お花畑の中にしつらえられた通路を歩くことができます。陽光を浴びて輝く黄金色の絨毯（じゅうたん）の中を歩くような感じ。山の斜面を利用して写真を撮れば、菜の花に囲まれたすてきな1枚が得られます。

菜の花の例年の見頃は2月中旬から4月上旬。3月下旬から4月には桜やムラサキハナナなども見頃を迎えます。園内はほぼ1年を通じてさまざまな花がお花畑をつくりだしています。のんびり歩いて楽しみたいものです。

お花見以外にも楽しみは盛りだくさん。かわいらしい動物と触れ合ったり、動物のショーを見るほか、味覚狩りもできます。いちご狩りは1月中旬から5月下旬まで、夏から秋にはブルーベリー摘みやいちじく狩りも楽しめます。

菜の花のお花畑が広がる中をのんびり散策。3月下旬には桜も咲く

観

動物たちのショー

マザー牧場の楽しみのひとつが、毎日開催される動物達のショーやイベント。世界中のひつじが登場するシープショーや、こぶたのレース、ひつじの大行進は迫力満点。サイトで開催時間を確認して出掛けるとよい。

：JR内房線君津駅から直通バス25分

：まきばゲート（15分）花の大斜面・西（15分）ひつじの牧場（30分）まきばゲート

WC：場内各所にあり

：入場料は大人1500円、4歳～小学生800円。味覚狩りや体験工房は別料金

問：マザー牧場 TEL 0439-37-3211

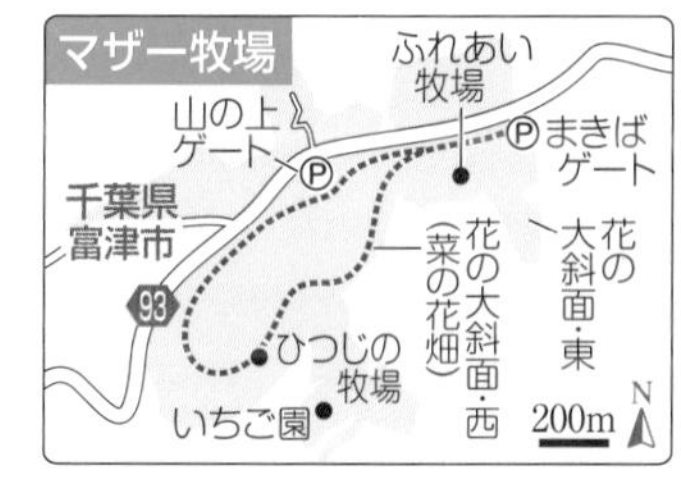

桜と海　眺めてくつろぐ

衣笠山公園

きぬがさやまこうえん

134m　1時間20分

よく晴れた、暖かい日を選んでお花見ハイキングに出掛けませんか。三浦半島、横須賀市に位置する衣笠山は、山歩きに慣れていなくても楽しめる桜の名所。山頂一帯が衣笠山公園として整備されています。例年の桜の見頃は、3月下旬から4月です。

衣笠駅から公園までは30分ほどの道のり。三浦街道から「衣笠山ハイキングコース」の道標に従って山道へ。アップダウンはありますが、心地よい樹林歩きで、展望塔のある公園の頂上に到着します。約2000本の桜が植栽され、全国の「さくら名所100選の地」にも選ばれています。展望塔の上からは、横須賀の街並みや猿島が一望のもと。天気がよければ富士山も見ることができます。満開の桜と海の眺めを楽しみ、のんびりくつろぎましょう。

衣笠山公園からは急な階段を下り、いったん大通りに出たのち「衣笠城址」の看板に従って上り返します。足場の悪いところもあるので慎重に。衣笠城跡は平安時代から鎌倉時代にかけてこの地を支配していた三浦一族の本拠地。今は建物はなく、石碑が立っています。

城跡からは階段を下り、大善寺へ。大善寺からは舗装道路を進みゴールの満昌寺を目指します。源頼朝が三浦義明を弔うために建立した、三浦氏ゆかりの寺です。

❶衣笠山公園の頂上は桜と菜の花が出迎えてくれる　❷今は広場になっている衣笠城跡
❸天気がよい日は展望塔に上ってみよう

観

満昌寺

創建は鎌倉時代、源頼朝により建立された、三浦氏ゆかりの寺。山門をくぐると、源頼朝が三浦義明の菩提を弔うために御手植えしたというつつじがある。四季折々に花が咲き、秋は紅葉の美しい庭を散策するのもよい。

🚉：JR横須賀線衣笠駅下車

▶：衣笠駅（30分）衣笠山公園（20分）衣笠城跡（30分）満昌寺バス停

WC：衣笠山公園にあり

❗：桜の花見を楽しむなら衣笠山公園の往復でも。満昌寺からのバスは本数が少ないので、事前に最新の時刻表で確認を

問：横須賀市観光案内所
TEL 046-822-8301

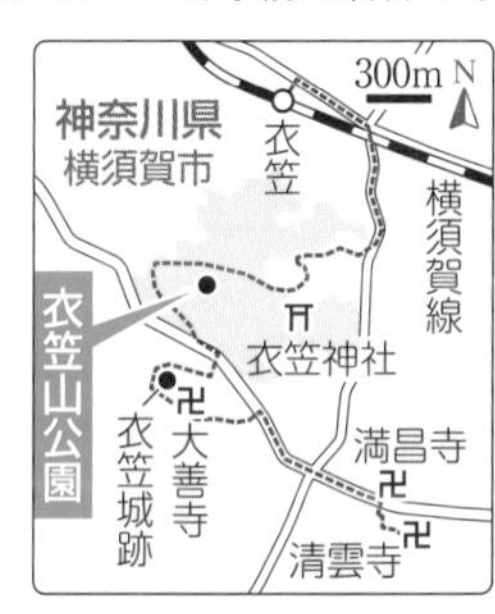

川と岩が織りなす造形美

長瀞岩畳

ながとろいわだたみ

約150m　2時間30分

秩父・長瀞の観光名所の1つ、岩畳。畳を敷き詰めたように平たい岩（結晶片岩）が川沿いに広がっていて、対岸の荒々しい岩壁は秩父赤壁と呼ばれています。岩畳の一帯は川が深く、流れがゆったりとしています。深い青色の川と岩の織りなす景観が美しい景勝地です。

岩畳へは秩父鉄道長瀞駅から岩畳通りを歩いて5分ほどでたどり着けますが、新緑の心地よい季節、岩畳とともに里山の雰囲気も楽しめる、岩畳一周コースを歩いてみましょう。長瀞駅を出て線路を渡り、岩畳通りの商店街の途中から北桜通りを歩きます。春は満開の桜並木が美しい通りです。

荒川の流れを眺めつつ金石水管橋を渡り、のどかな里山風景の中を進みます。途中、長瀞トンネルの手前で長瀞自然のみちに。緑豊かな樹林の中の散策路です。右手に荒川の岩畳を眺め、左手は露出した岩壁が迫力満点。再び長瀞トンネルからの道に合流し、集落の中を歩いていきます。

親鼻橋で荒川を渡ったら、川沿いの散策路を進み、岩畳を目指します。岩畳周辺にはあずまやが点在しているので、景色を楽しみながらゆっくり休憩。ライン下りの舟も眺められます。帰りは岩畳通りを進み、長瀞駅を目指します。通り沿いのみやげ物店や食堂などに立ち寄るのもよいでしょう。

❶平たい岩が畳のように連なっている岩畳は見応え十分　❷道中にはシダレザクラや菜の花が見られるところも　❸桜のトンネルが美しい北桜通り進む

遊

長瀞ライン下り

船頭さんの観光案内を聞きながら、荒川の渓谷を船で下る。長瀞の岩畳を水上から楽しめるのが魅力だ。ところどころで急流の個所もあり、迫力満点。例年3月上旬から12月上旬の営業で、冬はこたつ船として営業。

🚉：秩父鉄道長瀞駅下車
▶：長瀞駅（30分）蓬莱島公園（70分）親鼻橋（45分）岩畳（5分）長瀞駅
WC：蓬莱島公園、親鼻橋付近など
❗：岩畳はぬれていると滑りやすいので注意
問：長瀞町観光協会 TEL 0494-66-3311

のんびり雑木林をめぐる

長沼公園

ながぬまこうえん

約180m　1時間10分

駅からのんびり丘陵散歩はいかがでしょう。都立多摩丘陵自然公園の一角、長沼公園は京王線の長沼駅からすぐのところにありながら、雑木林が広がる自然公園です。

長沼駅から北野街道を横切り、公園の入り口に向かいます。散策路の分岐があるので「霧降の道」に進みます。ところどころ石畳がしつらえられて歩きやすいです。クヌギやコナラの雑木林は芽吹きの時季が美しいでしょう。

ゆるやかに上っていくと尾根道に突き当たるので、まずは左に進むとすぐに展望園地。八王子や日野の市街地の向こうに奥多摩の山々が連なっています。特徴的な山容の大岳山（おおだけさん）、御前山（ごぜんやま）、三頭山（みとうさん）の奥多摩三山や、雲取山（くもとりやま）なども。山名の解説板があるので分かりやすいです。景色を楽しんだら尾根道を逆方向に進み、頂上園地へ。広い芝生の広場で、ベンチやトイレもあるので一息つくとよいでしょう。

頂上園地からは尾根道を進み、殿ケ谷（とのがや）の道を下ります。下り始めの地点が草地の斜面になっていて、ここからの眺めもすてき。斜面の周囲に桜が植栽され、春は花風景も楽しめるでしょう。殿ケ谷の道の道中にはコブシの大木もあり、春先に白い花が見られます。

公園の園地から舗装道路に出たら、長沼駅に戻ります。

❶殿ケ谷の道の下り始め、木々の間から町並みが見渡せた　❷あずまやの立つ頂上園地でひと休み
❸公園入り口にはお地蔵様が

- 🚉：京王線長沼駅下車
- ▷：長沼駅（5分）長沼公園入り口（20分）展望園地（5分）頂上園地（40分）長沼駅
- WC：頂上園地にあり
- ⓘ：園内マップは長沼公園のサイトからダウンロードできる
- 問：桜ヶ丘公園サービスセンター TEL 042-375-1240

埼玉県

古墳時代に思いはせる

吉見百穴

よしみひゃくあな

約20m　1時間30分

ひと味違った歴史散歩はいかがでしょう。埼玉県吉見町にある国指定史跡「吉見百穴」の周辺を歩いてみましょう。古墳時代末期（6世紀末~7世紀後半）に造られた横穴墓群です。

　スタートは百穴入口バス停から。市野川を渡り、吉見百穴に向かいます。吉見百穴に向かう少し手前、岩壁に貼り付くように立つ木造のお堂が岩室観音堂。江戸時代、寛文年間建造の、懸造り（かけづくり）という珍しい様式のお堂を拝観していきましょう。

　吉見百穴の入り口にたどり着くとすぐ、小さな岩の山にたくさんの穴があいた独特の景観を見ることができます。現在確認できる横穴は全部で219基、階段や手すりなどが付けられた順路になっているので歩いてみましょう。一部の横穴には、貴重なヒカリゴケが生息しています。階段を上っていくと、岩山の頂上に立つことができ、近隣の市街地や周囲の山々が一望に見渡せます。

　吉見百穴を散策し終えたら、大沼や天神沼まで足を延ばし、来た道を戻ります。かつて水田開発のために造られたため池で、大沼は湖畔の散策路を歩けます。時間と体力に余裕があれば、松山城跡に立ち寄っていくのもよいでしょう。本曲輪（ほんくるわ）や空堀などを見ることができ、山城ファンには心躍る場所です。

❶岩山には遊歩道が設けられ、穴を間近に見ることもできる　❷水鳥の姿も見られる大沼
❸岩室観音堂は内部を拝観することもできる

食 買

いちご狩り

埼玉県吉見町は県内有数のいちごの生産量を誇る産地。町内にはいちご狩りができる農園が点在している。いちご狩りのシーズンは1月上旬から5月にかけて。直売所で、甘くフレッシュないちごを求めることもできる。

🚃：東武東上線東松山駅からバス５分、百穴入口下車
▶：百穴入口バス停（10分）吉見百穴（園内散策30分）（15分）大沼（５分）天神沼（30分）百穴入口バス停
WC：吉見百穴入口にあり
ⓘ：吉見百穴は入場料300円、８時半～17時（入園は16時30分まで）
問：吉見百穴管理事務所 TEL0493-54-4541

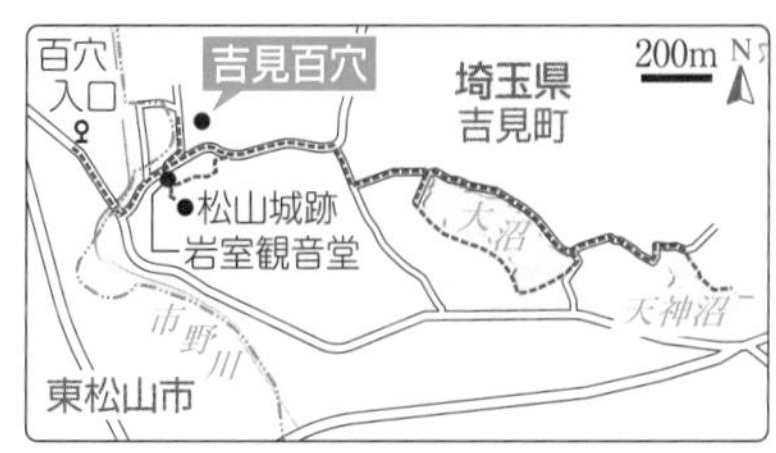

古い石切場の跡を訪ねる

お猿畠の大切岸

おさるばたけのおおきりぎし

約90m　2時間00分

鎌倉散策をすると、岩を切り開いて道を作った切通しや、敵の侵入を防ぐために急斜面の崖を掘削した切岸などをあちこちで見ることができます。

鎌倉市と逗子市の境に位置する「お猿畠の大切岸」は、尾根に沿って800メートル以上にわたり、高さ3~10メートルの断崖が続いています。鎌倉幕府が三浦一族の攻撃に備えて造った防御施設だといわれていましたが、近年の調査により、ここは大規模な石切り場の跡であることが分かりました。14~15世紀、建物の基礎にこの地の石が石材として使われていたのだそうです。

相模湾の展望が楽しめる衣張山（きぬはり）と合わせて、戦国時代の遺構を訪ねる山散歩に出掛けましょう。杉本観音バス停から山道を進み、衣張山までは20分ほどの道のりです。天気に恵まれれば、富士山や伊豆半島も眺められます。さらに南側に山道を下り、幼稚園の前の散策路も絶景ポイント。ベンチで一息つきましょう。やや急な丸太の階段を上って、パノラマ台からの眺めも見事です。

名越切通（なごえきりどおし）方面に進んでいくと、右手に岩の露出した崖が現れます。ここがお猿畠の大切岸。白い岩が露出した崖が不思議な景観をつくり出しています。景色を満喫したら法性寺（ほっしょうじ）方面に下り、逗子駅を目指します。

❶白い岩壁が不思議な景観を造り出すお猿畠の大切岸
❷衣張山からは相模湾の眺めがよい　❸衣張山に登る途中で道祖神を見つけた

観

名越切通

鎌倉と三浦半島を結ぶ重要な道のひとつ。『吾妻鏡』の天福元（1233）年の記録に「名越坂」と地名が出てくることから、鎌倉時代中期には既にあったと考えられる。岩を切り開いて道が造られた様子が今もよく分かり、国の史跡に指定されている。

🚉：JR横須賀線鎌倉駅からバス17分、杉本観音下車

▶：杉本観音バス停（20分）衣張山（30分）パノラマ台（10分）お猿畠の大切岸（30分）法性寺（30分）逗子駅

WC：杉本観音バス停前、パノラマ台手前にあり

！：時間と体力に余裕があれば名越切通にも立ち寄っていきたい

問：逗子市役所
TEL 046-873-1111
鎌倉市観光協会
TEL 0467-23-3050

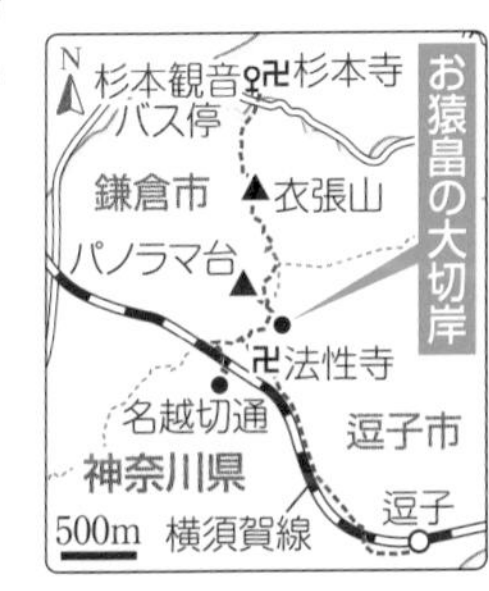

千葉県

新緑美しい水辺を歩く

手賀沼公園

てがぬまこうえん

約10m　2時間40分

新緑の美しい季節、のんびり水辺の散策はいかがでしょう。千葉県我孫子市、柏市など4つの市にまたがる手賀沼は、東西に細長く伸びる周囲38キロの広大な沼。周辺には伸びやかな自然が残り、四季折々の水と緑の景観の美しさから、志賀直哉や武者小路実篤などの文人たちに愛されたところです。

沼を一周する遊歩道が整備されていますが、ＪＲ常磐線の我孫子駅を起点に、沼の西側を半周する散策を楽しみます。我孫子駅をスタートし、公園坂通りを進んで手賀沼公園へ。沼の景色を楽しんだら、住宅街の脇の遊歩道を進み、手賀大橋を目指します。いったん手賀大橋を過ぎ、水の館に立ち寄りましょう。

展望室で景色を楽しんだら、来た道を少し戻って手賀大橋を渡り、手賀沼サイクリングロードを進みます。手賀沼を間近に眺めながら歩く、心地よい散策路。自転車用と歩行者用に通路が分かれているのも安心です。長い道のりですが、ところどころにウッドデッキが設けられているので、水辺の景色を眺めて一息つきましょう。

北千葉導水ビジターセンターの立派な建物を過ぎ、しばらく進んだら柏ふるさと大橋で手賀沼を渡り、ゴールのＪＲ北柏駅を目指します。

❶水の館の展望室から手賀沼を望む。手賀大橋がひときわ目立つ　❷遊具などもある手賀沼公園
❸手賀沼サイクリングロード沿いには展望デッキも

観

手賀沼親水広場・水の館

手賀沼のほとりに建つ施設。1階は手賀沼の動植物や自然についての展示コーナーや農産物直売所、レストランがあり、2階は手賀沼の成り立ちや歴史を学べるコーナーがある。4階の展望室からは手賀沼が一望に見渡せる。

- 電：JR常磐線我孫子駅下車
- 道：我孫子駅（30分）手賀沼公園（35分）水の館（50分）ヒドリ橋（45分）北柏駅
- WC：手賀沼公園、水の館など数カ所
- 注：平地の遊歩道だが歩行距離は長い。水分補給を忘れずに
- 問：我孫子市役所
  TEL04-7185-1111

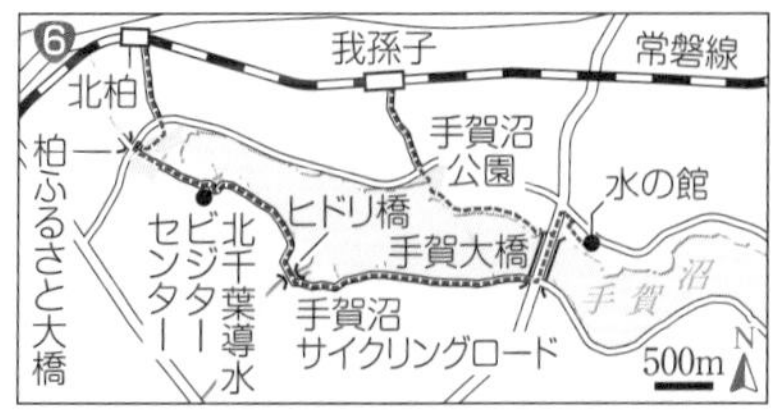

埼玉県

武蔵の小京都で里山散策

仙元山

せんげんやま

299m 2時間00分

「武蔵の小京都」と呼ばれる埼玉県小川町は、和紙づくりをはじめとする伝統工芸の町であり、今も古い建物が町のあちこちに点在します。町の市街地の南側にそびえる仙元山は、心地よい散策路が整備され、春の里山歩きにおすすめです。

小川町駅から登山口に向かいます。点在している道標を見落とさないように。登山道に入り、雑木林をゆるやかに上っていきます。石の古い道標や石仏のある分岐を右方向へ。丸太の階段を上れば、心地よい樹林の中の尾根歩きとなります。

下里・八宮神社との分岐を過ぎると木造の展望台があり、その先が仙元山の山頂です。針葉樹に覆われていますが北側が開け、町並みが一望に見渡せます。天気に恵まれれば、ぽこぽこと山が連なる榛名山(はるなさん)も遠くに望めます。

下りは下里・八宮方面へ。ところどころで右側の展望が開け、奥武蔵らしいなだらかな山々の連なりが眺められます。立派なあずまやのある分岐を左に行くとすぐに、仙元山見晴らしの丘公園にたどり着きます。展望台に上って景色を楽しみましょう。

さらに山道を下り、カタクリとオオムラサキの林へ。カタクリの花の見頃は3月下旬~4月上旬です。車道に出たらゴールの道の駅「おがわまち」を目指します。

❶立派な展望台が立つ仙元山見晴らしの丘公園　❷登山口は真っ赤な鳥居が目印　❸仙元山山頂から北方向の眺め。うっすら榛名山も眺められた

🚉：JR・東武東上線小川町駅下車

▶：小川町駅（30分）登山口（30分）仙元山（30分）見晴らしの丘公園（30分）道の駅「おがわまち」

WC：見晴らしの丘公園にあり

ⓘ：道の駅「おがわまち」からはバスで小川町駅へ。歩いて戻ることもできる。徒歩40分
※道の駅「おがわまち」は2023年12月現在、改修工事のため休業中

問：小川町観光協会
TEL 0493-72-1221

観

和紙の里

埼玉県小川町は和紙の産地。東京に最も近い和紙の産地として古くから知られている。丁寧に造られた手すきの和紙は、町内の和紙店や観光案内所などで買い求めることができるほか、町内には和紙作り体験ができる施設もある。

神奈川県

山頂から見渡す相模湾

逗子仙元山

ずしせんげんやま

 118m  1時間50分

山の上から海を間近に眺めるゆる山散歩はいかがでしょう。三浦半島は海の間近にそびえる山があちこちにありますが、神奈川県葉山町の仙元山は、手軽に登れるうえに海の眺望もすばらしい山です。森戸海岸から登れば30分ほどで山頂に立てますが、葉山の丘陵歩きを交えて、樹林も楽しんでみましょう。

スタートは葉山小学校バス停から。花の木公園を左手に見ながらコンクリート舗装の道を上り、山道に入ります。歩きやすく心地よい樹林の道で、分岐には現在地を示す地図がつけられているので、仙元山方面に進みます。展望広場は小高い丘の上にあり、相模湾を一望できます。ベンチ風の丸太もあり、休憩に適しています。

展望広場からはいったん急な階段を下り、その後もアップダウンが続きます。ゆっくりと、休みをとりながら進んでいくと、仙元山の山頂へ到着。テーブルやベンチがあります。

目の前には相模湾、江の島などが見渡せ、天気に恵まれれば富士山の姿も眺められます。ゆっくりと景色を楽しみましょう。

海に向かって斜面を下っていくとほどなく、葉山教会の建物があり、その先から舗装道路となります。国道を横切り、ゴールの森戸神社バス停を目指します。神社でお参りをして帰りましょう。

❶展望広場から相模湾の眺め。森戸海岸の岩礁も眺められた❷心地よい広葉樹の森を歩く　❸仙元山の山頂、ベンチとテーブルで一息

観

森戸海岸

晴れた日には富士山や伊豆半島、江の島がきれいに見渡せ、関東の富士見百景にも選ばれている。海岸沿いには源頼朝の創建と伝えられる森戸神社が建ち、沖合には石原裕次郎さんの三回忌をしのんで作られた葉山灯台（裕次郎灯台）がある。

🚌：JR逗子駅からバス10分、葉山小学校下車

🚶：葉山小学校バス停（40分）展望広場（45分）仙元山（25分）森戸神社バス停

WC：花の木公園、仙元山山頂などにあり

💡：花の木公園はツツジの名所。花の見頃は4月中旬〜下旬

問：逗子市役所 TEL046-873-1111

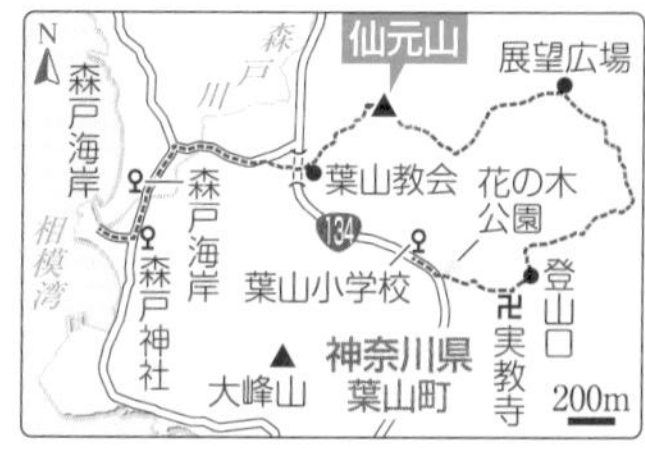

八犬伝ゆかりの地を訪ねて

伏姫籠穴

ふせひめろうけつ

約50m　1時間40分

物語の舞台を訪ねるゆる山散歩はいかがでしょう。仁・義・礼・智・忠・信・孝・悌の8つの玉を持つ八犬士が活躍する、曲亭（滝沢）馬琴の長編小説「南総里見八犬伝」。房総半島にそびえる富山（とみさん）（南房総市）は、この物語の舞台となった山といわれています。架空の物語ではありますが、富山周辺には八房（やつふさ）誕生の地など、八犬伝ゆかりの場所が点在していて、伏姫籠穴もその1つ。里見義実（よしざね）の娘・伏姫が、義実の愛犬であった八房と暮らした洞窟です。

岩井駅からスタート。目の前に富山がそびえているのを眺めながら県道富山丸山線を進み、「伏姫籠穴」の大きな看板のある交差点で左折します。

籠穴の入り口には立派な山門が立っており、山門の奥には、八房がまつられているという犬塚がひっそりとあります。針葉樹が茂る樹林の中、階段を上っていきます。上り切った所に木造の舞台があり、来た道を眺めることができます。舞台からさらに進み、伏姫の籠穴へ。苔生（こけむ）した岩と狭い洞窟が神秘的な雰囲気。穴の奥には八犬士の8つの玉が置かれています。

帰りは来た道を戻り、岩井駅に向かいます。道の駅「富楽里（ふらり）とみやま」に立ち寄るのもよいでしょう。南房総の名産品や、新鮮な地元野菜、郷土料理の惣菜などを求めることができます。

❶伏姫籠穴。奥に八犬士の８つの玉が並んでいる　❷水田の向こうに低い山々が連なる、のどかな田園風景の中を進む　❸山門をくぐり、伏姫籠穴へ

観

富山

伏姫籠穴のある富山は、南房総を代表する山のひとつ。南峰と北峰のふたつのピークを持つ双耳峰で、遠くから眺めると独特の山容がよく目立つ。北峰には展望台があり、東京湾の向こうに富士山や伊豆大島を見渡せる。

：JR内房線岩井駅下車

：岩井駅（30分）富山中学校（20分）伏姫籠穴（50分）岩井駅

：伏姫籠穴入り口にあり

：高速バスを利用すると「ハイウェイオアシス富楽里」が最寄り。バス停から伏姫籠穴まで片道40分

問：南房総市観光協会 TEL0470-28-5307

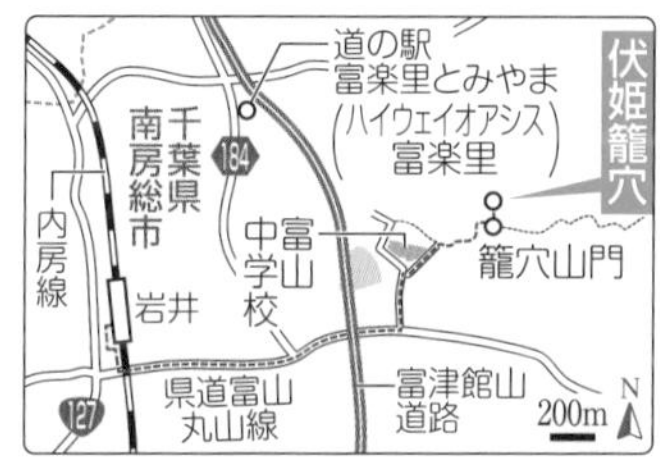

東京都

初夏の森林でリフレッシュ

登計トレイル

とけとれいる

初夏は木々の緑が日々色濃くなり、広葉樹の森を歩くのが心地よい季節です。JR青梅線奥多摩駅の間近にそびえる愛宕山の南側斜面に広がる森に、森林セラピー専用として整備された散策路が、登計トレイル。森の中をのんびりと歩いてリフレッシュしてみませんか。

奥多摩駅をスタートし、まずは登山口から愛宕山を登ります。山頂までは急な石の階段が続きますが、休み休み、ゆっくりと歩いていきましょう。山頂の愛宕神社でお参りをしたら山道を下り、舗装道路を少し進んで、配水場の脇から登計トレイルに入っていきます。ウッドチップが敷かれた歩きやすい道で、木々の緑が間近に迫る心地よさ。「香りの道」の名前のとおり、ふんわりと木々や土の匂いが漂ってきます。

途中には座ってくつろげるウッドデッキや、テーブルや椅子などが置かれています。足早に歩けば30分ほどで通過できてしまいますが、花木や草花に目をとめ、鳥の鳴き声や、風が木々を揺らす音などに耳を澄ましながら、森にいることを楽しんでゆっくりと歩きたいものです。

トレイルを歩き終えたら、点在する道標に従って奥多摩駅を目指します。時間に余裕があれば、氷川渓谷を散策していくのもよいでしょう。

❶ウッドチップが敷かれて歩きやすいトレイル。樹林が心地よい　❷愛宕山の山頂に立つ愛宕神社　❸トレイル沿いにベンチやテーブルが点在

食 買

奥多摩駅

JR青梅線の終点となる駅。古民家や山小屋を思わせる重厚な雰囲気の駅舎が目を引く。駅舎の2階は食堂や売店スペースのある複合施設「ポートおくたま」となっており、電車の待ち時間に食事や喫茶を楽しむことができる。

：JR青梅線奥多摩駅下車

：奥多摩駅（40分）愛宕山（10分）配水場（30分）登計トレイル出入り口（30分）奥多摩駅

WC：奥多摩駅の外にあり

：散策前に奥多摩ビジターセンターに立ち寄って散策路の状況など確認をするとよい

問：奥多摩観光協会
TEL 0428-83-2152

埼玉県

素朴な石仏たちを訪ねて

羅漢山

らかんやま

247m　1時間15分

石仏めぐりをテーマに、ゆる山歩きはいかがでしょう。埼玉県寄居町、円良田湖の湖畔にそびえる羅漢山は、多くの石仏を見ることができる山です。

スタートは秩父鉄道波久礼駅から。線路に並行した国道を進み、少林寺方面へ向かいます。点在している道標を見落とさないように注意しましょう。少林寺は戦国時代の永正8（1511）年に創建されたお寺です。本堂を拝観していきましょう。

少林寺から、五百羅漢が並ぶ道と、千体荒神の石碑が並ぶ道に分かれます。五百羅漢のほうに進みましょう。風情のある山道を緩やかに登っていきますが、道沿いに小さな羅漢様が並んでいます。穏やかな顔や笑っている顔、怒った顔などさまざまな表情です。さらによく見ると、羅漢様が手にしているものもさまざま。1つとして同じものはありません。

個性豊かな羅漢様を眺めながら進むうちに山頂へ。木々に覆われて展望はありませんが、釈迦三尊像が静かに立って登山者を出迎えてくれます。

帰りは千体荒神の道を下り、来た道を戻ります。歩き慣れた人なら、隣の鐘撞堂山まで足を延ばしてもよいでしょう。標高は低いながらも、展望にすぐれた山。東京の高層ビル群などすばらしい景色が楽しめます。

❶羅漢山の山頂には釈迦三尊像が立つ　❷表情豊かな羅漢様に見送られて山道を下る　❸1000あまりの石碑が道沿いに並ぶ千体荒神

観

秩父鉄道

秩父方面の登山や観光の手段となる鉄道で、埼玉県羽生市の羽生駅と、埼玉県秩父市の三峰口駅を結ぶ。レトロな雰囲気の駅舎も楽しみの1つ。土休日を中心にSLパレオエクスプレスが運行しており、山里を走るSLを間近に眺めることができる。

🚃：秩父鉄道波久礼駅下車

🚶：波久礼駅（20分）少林寺（20分）羅漢山（35分）波久礼駅

WC：少林寺にあり

♨：波久礼駅から徒歩20分、「亀の井ホテル 長瀞寄居」で日帰り入浴ができる。TEL 048-581-1165

問：寄居町役場
TEL 048-581-2121

山麓でおいしいものにめぐり合う

下山後グルメ

アフターゆる山
01

山歩きを終えてお腹がすいたら、そこでしか味わえないおいしいものを食べて帰りましょう。

郷土料理

ぜひ味わいたいのが、その土地ならではの料理。とれたての野菜やジビエなど、地元の食材を使った料理や、春は山菜、秋はきのこなどの山の幸がたっぷりの料理は、山里ならではの季節感が味わえます。山梨のほうとうや、群馬のおっきりこみ、秩父のずりあげうどんなど、地域の生活文化に根付いた郷土料理もよいでしょう。郷土料理を味わうことは、その土地の歴史や文化を知ることにもつながります。

ご当地B級グルメ

一時期注目され、イベントも多く行われていた「ご当地B級グルメ」も楽しみ。栃木のじゃがいも入り焼きそばや甲府鳥もつ煮など、地域独自の食文化に根ざしたものや、茨城県つくば市のつくばうどんなど、地

元食材を生かしてあみ出された料理など、さまざまです。

スイーツ

食事の時間には半端な昼過ぎに下山した場合、下山後スイーツはいかがでしょう。眺めのよいテラス席のあるカフェや、ゆったりくつろげる喫茶店などで、山の余韻を楽しみながらケーキやコーヒー、甘味を味わうのもよいものです。多少疲れた身体には、甘いものがよく効きます。

地酒で乾杯

下山後、ちょっと飲んで帰るなら、地元のお酒を味わいたいもの。地元酒蔵の日本酒やワイン、最近は地ビールも人気があります。地元食材のおつまみとともに、山の余韻にひたりながら時間を過ごすのもよいものです。もちろん、飲み過ぎには要注意。

＊　＊　＊

何か食べておきたいご当地グルメやよいお店がないか、事前にリサーチをしておくと、下山後の行動がスムーズに進みます。とくに食事どころの場合は、お昼休みの時間を設けているところもあるので、営業時間を確認しておきましょう。

夏

涼を求めて、ゆる山散歩。

木漏れ日がきらきらと差し込む渓谷歩道、
深い山の奥に流れ落ちる滝。
高原を歩けば、ひんやりとした空気、
木々や草原を揺らす風の音。
夏の山は心地よい音と光に満ちています。

東京都

緑を求め　住宅街を抜けて

加住丘陵

かすみきゅうりょう

約150m　1時間20分

初夏、天気のよい日にぽっかり時間ができたら、東京都内でゆる山歩きはいかがでしょう。加住丘陵は八王子市の中心街の北側に広がる丘陵地帯。一帯が小宮公園として整備されています。

ＪＲ八王子駅から歩くこともできますが、バス利用なら最寄りは八王子郵便局バス停。ひよどり山トンネルの脇の階段を上り、「小宮公園」の道標をたよりに住宅街の中を進みます。小宮公園入口近くのサービスセンターで、園内の地図を入手できます。

園内はクヌギやコナラの雑木林。木道や散策路が整備され、気持ちよく歩けます。散策路には鳥の名前がつけられています。特定の順路はなく、どこを歩いてもよいですが、園内を大きく反時計回りに歩いてみましょう。

かわせみの小道は沢沿いの木道、ひばりの小道は樹林が心地よい山道です。樹林の中をゆっくり歩いていくと、鳥のさえずりや風が木々を揺らす音が響きます。すぐ近くが住宅街なのに、まるで深い森のよう。

草地広場が公園内の最高地点。広々とした芝生の広場にはベンチやテーブルもあります。のんびりと一息つきましょう。帰りはさんこうちょうの小道、ひよどりの小道を進んで公園入口へ。少し足元の悪いところもあるので、慎重に歩きましょう。

❶木道が敷かれて歩きやすい散策路　❷芝生が広がる草地広場。大きな木の下で一息つこう　❸初夏にはヤマボウシが花をつけていた

食

八王子ラーメン

八王子市のご当地グルメで、醤油ラーメンに刻みタマネギをトッピングしている。タマネギの甘みとシャキシャキとした食感が特徴で、やさしい味わいのスープや中細の麺との相性がいい。

- 🚉：JR中央線八王子駅からバス10分、八王子郵便局下車
- ▶：八王子郵便局バス停（15分）小宮公園入口（25分）草地広場（25分）小宮公園入口（15分）八王子郵便局バス停
- WC：小宮公園内にあり
- 💡：八王子駅から徒歩の場合、駅から八王子郵便局バス停まで約25分
- 問：小宮公園サービスセンター
  TEL042-623-1615

海沿いの道を歩き灯台へ

観音崎公園

かんのんざきこうえん

約50m

2時間00分

アジサイのお花見を楽しむ自然公園散策はいかがでしょう。三浦半島、観音崎に位置する観音崎公園は、海に面したロケーションと常緑の森が楽しめる、自然豊かな公園です。園内には約1万株のアジサイが植栽されており、例年の見頃は6月です。

京浜急行の馬堀（まぼり）海岸駅から海岸沿いを散策して、観音崎公園に足を運んでみましょう。公園に向かう道中には、明治時代に横須賀製鉄所の用水として築造された走水（はしりみず）水源地や、かつて江戸幕府によって台場が築かれた御所ケ崎などがあります。

広々とした海を眺めながら木造のボードウオークを進めば、ほどなく観音崎公園に着きます。海岸沿いの遊歩道を進み、観音埼灯台へ足を運んでみましょう。フランス人技師のヴェルニーにより建設された、日本最初の洋式灯台です。地震で倒壊するなどして建て替えられ、現在は3代目となります。白色の建物は美しく、内部の参観もできます。展望階からは房総半島や海が一望のもと。たくさんの船が行き交うのを見るのも楽しみのひとつです。

十分に景色を楽しんだら、園内を散策しながら観音崎バス停に向かいます。園地で咲いているアジサイを眺めたり、点在する砲台跡などの史跡を見学したりするのもよいでしょう。

❶ボードウオークを歩いて観音崎公園へ。潮風が心地よい
❷観音埼灯台。展望階に上ってみよう　❸観音崎公園の園内は梅雨時はアジサイで彩られる

観

ヴェルニーの水

走水水源地は、明治9(1876)年、横須賀製鉄所の用水として使われ始めた歴史ある水源地。ミネラルを豊富に含んだ湧き水は「ヴェルニーの水」と名付けられ、走水水源地公園駐車場の水場で汲むことができる。散策前に給水していこう。

🚉：京浜急行馬堀海岸駅下車
▶：馬堀海岸駅（60分）御所ケ崎（20分）ボードウオーク（20分）観音埼灯台（20分）観音崎バス停
WC：走水水源地、観音崎公園内など数カ所あり
💡：時間に余裕があれば横須賀美術館や観音崎自然博物館に立ち寄っていきたい
問：横須賀市観光案内所 TEL046-822-8301

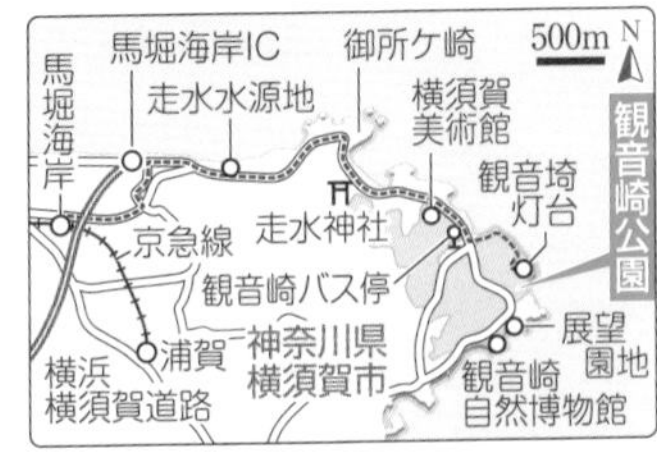

秩父札所巡りで山歩き

岩井堂

いわいどう

 375m  1時間50分

秩父三十四ケ所観音霊場の札所巡りを組み合わせて、ゆる山歩きはいかがでしょう。秩父鉄道と並行するように連なる琴平丘陵。ハイキングコースが整備され、秩父鉄道の影森駅から羊山公園に向かうルートがよく歩かれています。影森駅から27番札所の大渕寺（だいえんじ）と、26番札所の円融寺（えんゆうじ）の奥の院である岩井堂まで歩きます。

影森駅をスタートして大渕寺へ。風情のある山門をくぐると観音山延命水が湧いています。観音堂の脇から登山道に入ると、アジサイが群生していて、梅雨時に見頃を迎えます。ひと上りで護国観音へ。昭和10（1935）年に造られた高さ約15メートルの観音像は、穏やかな顔立ちです。秩父市街の眺めもよく、ここで一息ついていくとよいでしょう。

護国観音から先は、岩場歩きをまじえた本格的な山道。雨上がりでぬれていると歩きにくいところもあるので慎重に進みます。30分ほど歩き、最後に階段をひと上りすると岩井堂に到着。うっそうと緑が茂る中、岩に貼り付くように立つ懸崖（けんがい）造りの朱塗りのお堂は、江戸時代中期の建築とのこと。

帰りは来た道を戻ります。下りも滑らないよう慎重に。大渕寺で無事下山のお参りをして、影森駅に向かいましょう。時間が許せば、円融寺にもお参りを。影森駅から片道10分の道のりです。

❶朱塗りの岩井堂が新緑に映える　❷琴平ハイキングコースは本格的な山道
❸山麓からは秩父のシンボル・武甲山が間近に眺められる

食

豚みそ丼

秩父のご当地グルメとして、わらじカツ丼と並び人気が高いのが豚みそ丼。かつて秩父の猟師たちが猪肉を保存するために味噌漬けにしていたのが始まりという。まろやかで味わい深い味噌漬けの豚肉とご飯の相性は抜群。

🚉：秩父鉄道影森駅下車
▷：影森駅（25分）大渕寺（10分）護国観音（25分）岩井堂（50分）影森駅
WC：影森駅のみ
ⓘ：秩父鉄道は1時間に2本程度の運行。時刻表を確認しておきたい
問：秩父観光協会
TEL 0494-21-2277

心地よい樹林歩きと展望

那須自然研究路

なすしぜんけんきゅうろ

約1290m　1時間30分

木々の緑と展望を楽しみに、ゆる山歩きをしませんか。栃木県・那須高原の那須自然研究路は、気持ちのよい樹林歩きと、ところどころに現れる展望スポットが楽しみな散策路です。

スタートは、なす高原自然の家から。登山口には「那須自然研究路」の柱と、地図の看板が立てられています。最初は丸太の階段を上っていきます。やや急なので、周りの木々を楽しみながらゆっくりと進みます。

上り切ると「Aコース」と「Bコース」の分岐がありますが、Aコースへ進みます。分岐から少し歩いたところに矢隠岩（やかくしいわ）があります。弓の名手・那須与一がこの場所で弓を射る練習をしたといわれています。岩の先からは八溝山（やみぞさん）方面の眺めがよいのですが、少し進むと木造の展望デッキがあり、こちらからは那須岳のどっしりした山容も眺めることができます。立ち寄っていきましょう。

心地よい樹林の中、なだらかで歩きやすい道を緩やかに上ります。北温泉との分岐からさらに進んで弁天吊橋（つりばし）へ。吊橋の上から眺める樹林も見ごたえがあります。

吊橋を渡り切らずに戻り、散策路を少し進んで舗装道路に出れば、大丸温泉までは10分程度の道のりです。時間が合えば、立ち寄り湯をしていくとよいでしょう。

❶心地よい広葉樹の樹林の中を進む　❷大丸温泉にはウッドデッキが設けられている
❸弁天吊橋は橋の姿も、橋の上からの眺めも見応え十分

湯

那須温泉郷

今も活動を続ける那須岳の恵み、温泉。山の中腹には温泉地が点在し、泉質、効能が異なるさまざまな温泉を満喫することができる。このルートの終点、大丸温泉は江戸時代に発見されたと言われ、川沿いの温泉が心地よい。

- 🚌：JR東北線黒磯駅からバス55分、大丸温泉で乗り換え7分、なす自然の家下車
- 🚩：なす自然の家バス停（30分）矢隠岩（30分）北温泉分岐（10分）弁天吊橋（20分）大丸温泉バス停
- WC：なす高原自然の家駐車場にあり
- ❗：バス路線は本数が少なく、往路は乗り換えもあるので、最新の時刻表で確認を
- 問：那須町観光協会 TEL0287-76-2619

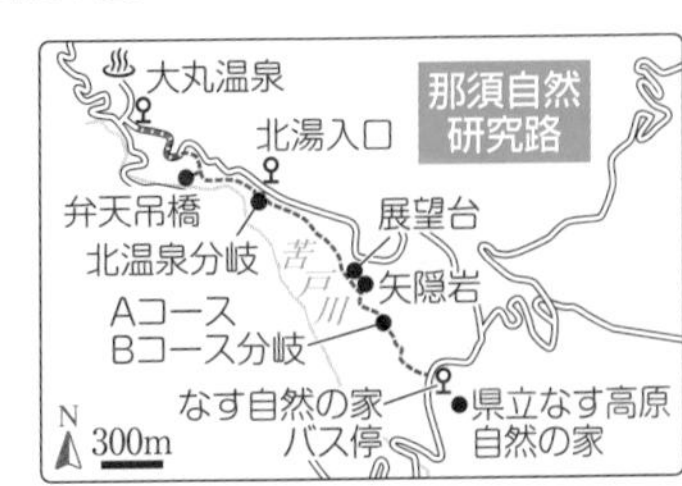

東京都

静かな樹林を歩いて山頂へ

高尾山

たかおさん

約599m　2時間40分

一年を通じて、多くの登山者でにぎわう高尾山。

山頂へ向かう登山道はいくつもありますが、今回は山の北側斜面を登る「いろはの森コース」をご紹介します。混雑を避け、比較的静かな山歩きが楽しめます。本格的な山道で、山を歩き慣れた人向けのルートです。

スタートは日影バス停から。バス通りを進み、すぐに左折して高尾山方面へ向かいます。日影沢園地の分岐を左に入り、いろはの森へ。登山道から見える木々の幹に、名前のプレートが付けられています。上り道はだいぶ傾斜があるので、ゆっくりと、息を整えながら進みましょう。

4号路との分岐を過ぎ、木の階段を上っていくと、1号路に合流。コンクリート舗装の道を進めばほどなく山頂です。展望ポイントの大見晴園地からは、天気に恵まれれば富士山も眺められます。

すてきな景観を楽しんだら、1号路を下ります。道中はずっとコンクリート舗装の歩きやすい道。薬王院の石段がやや急なので、下るときは足元に注意します。ケーブルカー高尾山駅からは、ケーブルカーに乗って高尾山口駅を目指しましょう。

なお、ハイシーズンは混雑のためケーブルカー乗車に時間がかかることがあります。時間に余裕をみてください。

❶いろはの森コース。豊かな樹林を楽しみながら歩こう　❷高尾山の山頂、大見晴園地からは富士山や丹沢の山々を一望に　❸薬王院で無事下山のお参りを

湯

京王高尾山温泉極楽湯

京王線高尾山口駅に隣接した日帰り入浴施設。男女別に内湯と露天風呂があり、山歩きの汗を心地よく流すことができる。

東京都八王子市高尾町2229-7
TEL 042-663-4126

🚉：JR中央線高尾駅からバス15分、日影下車

▷：日影バス停（25分）いろはの森入り口（60分）いろはの森分岐（30分）高尾山（45分）ケーブルカー高尾山駅

WC：いろはの森入り口、高尾山山頂など数カ所

ⓘ：高尾山駅からケーブルカーを使わず1号路を下山することもできる。コンクリート舗装の道で所要1時間

問：高尾ビジターセンター
TEL 042-664-7872

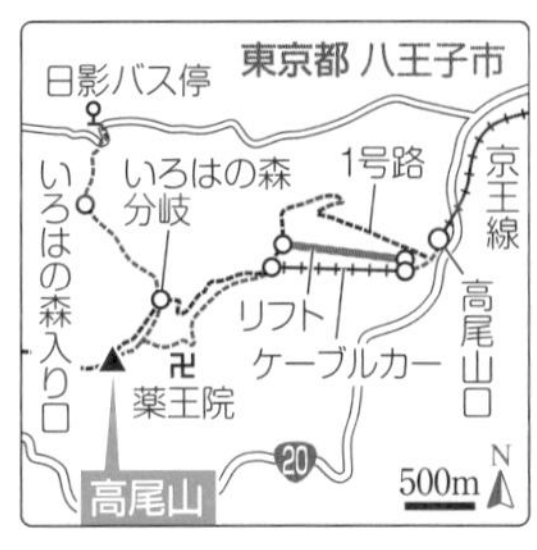

神奈川県

小川のせせらぎ心地よく

氷取沢市民の森

ひとりさわしみんのもり

約150m　2時間10分

氷取沢市民の森は、豊かな緑を気軽に楽しめる横浜市の「市民の森」の1つで、円海山（えんかいざん）の周辺、磯子区、金沢区、栄区にまたがる「円海山近郊緑地特別保全地区」の一部です。大岡川の源流域であり、水辺の散策も楽しめる緑地です。

港南台駅からスタート。大通りを進み、港南台5丁目交差点の先の消防署手前の路地から散策路に入ります。うっそうとした緑の中を進み、いっしんどう広場へ。広場の手前に富士山の絶景ポイントがあります。広場にはテーブルやベンチがあり、一息つくことができます。

大丸山（おおまるやま）方面に尾根道を進み、途中で道標に従って左に下る道に進みます。ほどなく沢沿いになり、深い森の中をしばらく進むと、草地が広がるおおやと広場。このあたりは、ところどころ木道が整備されて歩きやすくなっています。

いったん舗装道路に出て、横浜横須賀道路の下を通ります。「なばな休憩所」の道標に従って右に進み、再び沢沿いの道へ。「氷取沢町小川アメニティ」と名付けられた散策路は、沢のすぐそばを歩くことができます。澄んだ水の流れの中をよく見れば、小さな魚が泳いでいるのも見つけられるでしょう。川沿いの散策路が終わったら民家の脇を通って集落に出て、氷取沢バス停を目指します。

❶沢沿いの道が心地よい「氷取沢町小川アメニティ」 ❷いっしんどう広場は休憩に最適
❸おおやと広場周辺は木道が整備されている

観

大丸山

標高156.8m、横浜市の最高峰。山頂の広場からは相模湾を見渡すことができ、眼下には八景島の特徴的な建物も眺められる。港南台駅から大丸山を経て自然観察センターへ向かう道は、人気のウオーキングコースだ。

- 🚉：JR根岸線港南台駅下車
- ▷：港南台駅（50分）いっしんどう広場（30分）おおやと広場（20分）小川アメニティ（30分）氷取沢バス停
- WC：いっしんどう広場手前にあり
- ⚠：雨上がりはおおやと広場への沢沿いの下り道が滑りやすいので注意
- 問：磯子区役所 ℡045-750-2323

東京都

迫力満点の水しぶきで涼を

大岳沢の大滝

おおだけさわのおおたき

約600m　1時間50分

暑さの厳しい時季、沢沿いの道を歩いて滝見ハイキングに出かけませんか。東京都檜原村とあきる野市を流れる秋川の支流にはいくつもの滝がかかり、そのいくつかは散策路を歩いて見に行くことができます。有名どころでは三頭山の三頭大滝や、日本の滝百選に選ばれた払沢の滝などがあります。今回は大岳山の東斜面を流れる大岳沢にかかる「大滝」をご案内します。

大岳鍾乳洞入口バス停から、大岳沢沿いの舗装道路を歩いていきます。30分ほど進むと大岳鍾乳洞。都の天然記念物に指定されており、約300メートルの洞窟を見学することができます。

鍾乳洞から少し進むと、岩肌を流れ落ちる「小滝」があります。流れは少なめですが、落差の大きな滝です。小滝から15分ほど進み、山道に入っていくと一気に深い樹林の趣に。10分ほどで大滝への分岐が現れます。道標に従って階段を下り、滝壺の近くまで近付くことができます。

落差30メートル、2段の滝は、上段の釜から飛び跳ねるように水しぶきを上げて、滝壺に向かって勢いよく流れ落ちていきます。水量も多く、迫力満点。ひんやりとした風と水しぶきを浴びながら、くつろいでいきましょう。

帰りは来た道を戻り、大岳鍾乳洞入口バス停を目指します。

❶落差30mの大滝。滝の近くまで近づいてみよう　❷小滝は舗装路から眺めることができる　❸養沢地区の鎮守様、養沢神社

観 大岳（おおたけ）鍾乳洞

大岳山の山麓に位置する、東京都の天然記念物に指定されている鍾乳洞。見学ができ（有料）、貴重な鍾乳石を間近に眺めながら、狭く入り組んだ洞内を探検者の気分で歩くことができる。

東京都あきる野市養沢1587

TEL 042-596-4201

- ：JR五日市線武蔵五日市駅からバス35分、大岳鍾乳洞入口下車
- ：大岳鍾乳洞入口バス停（30分）大岳鍾乳洞（30分）大岳沢の大滝（25分）大岳鍾乳洞（25分）大岳鍾乳洞入口バス停
- WC：大岳鍾乳洞入口バス停、大岳鍾乳洞にあり
- ：鍾乳洞はヘルメットのレンタルあり
- 問：あきる野市観光協会 TEL 042-596-0514

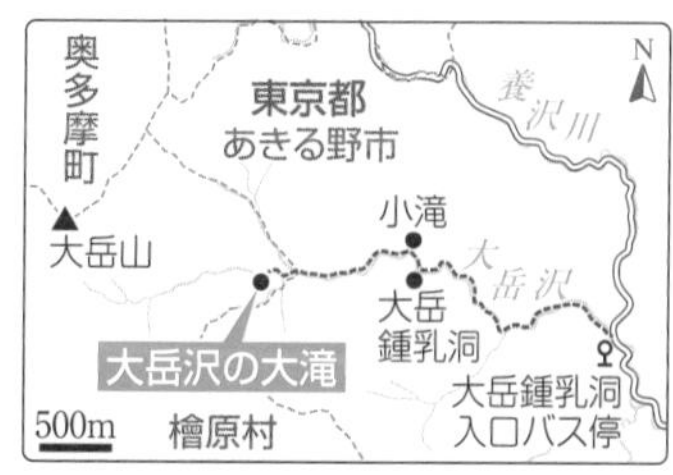

芭蕉も訪れた名勝へ

殺生石・展望台コース

せっしょうせき・てんぼうだいこーす

 1048m 1時間30分

那須・茶臼岳の山腹に位置する那須温泉。周辺には、自然景観を楽しめる散策路がいくつも整備されています。「殺生石・展望台コース」は、国名勝「殺生石」を起点に豊かな緑の中を歩ける周回ルートです。

那須湯本温泉バス停から鹿の湯の脇を通って、松尾芭蕉が「おくのほそ道」で訪れたという殺生石へ。硫黄のにおいが強く漂い、荒涼とした雰囲気です。平家物語で知られる弓の達人・那須与一ゆかりの那須温泉神社（ゆぜん）に立ち寄ってから、山道に入っていきます。最初は「牛ケ首」方面に進み、途中の分岐からは「展望台」方面に進みます。

広葉樹の樹林、木漏れ日がキラキラと輝いている中を歩いていきます。傾斜がやや急な上りになり、最後に階段を少し上ると那須高原展望台へ。「恋人の聖地」の別名を持つ、那須高原道路沿いの展望地です。関東平野を一望し、振り返れば茶臼岳など那須連山が間近に眺められます。

十分に展望を楽しんだら山道に戻ります。「殺生石」方面へ進んでいきますが、下り始めと終盤が急な斜面になっているので、じゅうぶん慎重に。殺生石からは来た道を戻り、那須湯本温泉バス停へ向かいます。時間が許せば鹿の湯などの温泉施設で汗を流していきましょう。

❶殺生石は柵越しに眺めることができる ❷お地蔵様がずらりとならぶ千体地蔵 ❸茶臼岳を間近に望む展望台、別名「恋人の聖地」

観

那須温泉神社

舒明（じょめい）天皇の治世、狩ノ三郎行広が温泉の神のお告げにより見つけた温泉に神社を建立したのが創建といわれる。那須与一が源平合戦の時に勝利を祈願した神社でもある。境内には「君が代」で歌われている「さざれ石」がある。

🚌：JR東北線黒磯駅からバス35分、那須湯本温泉下車

▶：那須湯本温泉バス停（5分）殺生石（50分）那須高原展望台（30分）殺生石（5分）那須湯本温泉バス停

WC：殺生石、那須高原展望台などにあり

ⓘ：路線バスは東北新幹線那須塩原駅からも発着。那須塩原駅ー那須湯本温泉は所要50分

問：那須町観光協会 TEL0287-76-2619

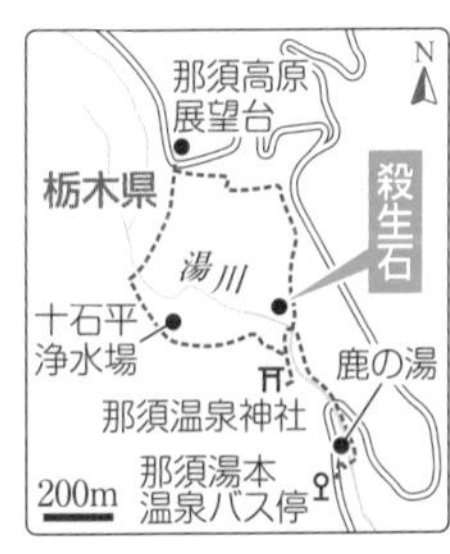

神秘的な渓谷歩き

神戸岩

かのといわ

東京都檜原（ひのはら）村、北秋川の支流・神戸（かのと）川にそびえる神戸岩は、高さ約100メートルの岩盤が両側にそそり立つ奇勝です。チャート層の硬い岩を水流が削り、磨き上げて、神秘的な峡谷を造り出しています。

学術的にも重要な地形で、東京都の天然記念物に指定されています。「神戸岩」の名前は、この地が大岳神社の入り口、神域を隔てる岩の扉という説があります。

神戸岩へは、神戸岩入口バス停から40分ほどの道のり。神戸川に沿って、のどかな山村集落の中を歩いていきます。道幅がやや細くなり、樹林が近く感じられるようになると神戸岩の入り口も間近。岩峰を目の前に眺められる橋のたもとから、左手の小道を進んで峡谷に下っていきます。

峡谷の左岸（下流から見て右側）に遊歩道が設けられ、激しい水流や滝を眺めながら歩くことができます。神秘的な雰囲気の中、どうどうと流れ落ちる水の音が体に響き渡るようです。遊歩道に鎖やはしごはついていますが、ぬれていると滑りやすいので慎重に進みましょう。

渓谷入り口から10分ほどで峡谷を抜け、林道に出られるので、古いトンネルをくぐって渓谷入り口へ。帰りは来た道を戻り、神戸岩入口バス停に向かいます。

❶切り立った岩の間を青白い水が流れる、幻想的な風景
❷神戸岩の入り口から岩の全容を望む　❸遊歩道には鎖がしつらえられている

観

武蔵五日市駅

JR五日市線の終着駅。構内のあちこちにステンドグラスをあしらった、モダンな駅舎だ。改札を出た目の前にあるコンビニNewDaysではあきる野市、檜原村周辺の名産品なども取り扱っており、おみやげ購入にも便利。

：JR五日市線武蔵五日市駅からバス35分、神戸岩入口下車

：神戸岩入口バス停（40分）渓谷入り口（10分）渓谷終了点（40分）神戸岩入口バス停

WC：春日神社前、渓谷入り口付近にあり

：トンネル内は電灯がなく真っ暗なのでヘッドライトや懐中電灯を持参する

問：檜原村観光協会
TEL 042-598-0069

美しい滝壺に魅了

おしらじの滝

おしらじのたき

約950m

0時間55分

涼やかな景色を見に出掛けませんか。栃木県矢板市に位置する「おしらじの滝」という、ちょっと不思議な美しい滝をご案内します。

滝といっても、普段は水量が少ない沢で、岩の斜面は濡れているものの、水はほとんど流れていません。美しいのは滝壺で、エメラルドブルーの淵になっています。

滝近くに向かうバスの路線がなく、マイカー利用が便利です。公共交通機関利用の場合は、矢板駅からタクシーで。おしらじの滝へは、駐車場から心地よい樹林の中の山道を下って10分ほど。整備されていてもやや足場の悪いところがあり、歩行時間は短いながらも慎重に進みます。

下り切ると、おしらじの滝を目の前に眺められる観瀑台に到着します。澄んだブルーの淵は透明度が高く、深い水の底もくっきりと見えます。濡れた岩肌が鏡のように陽光に輝き、それが水面に映っている、不思議な景観を楽しむことができます。観瀑台から先は立ち入り禁止です。

帰りは来た道を戻りますが、公共交通機関利用の場合は、おしらじの滝駐車場から舗装道路を進み、山の駅たかはらまで歩き、タクシーを呼んでもよいでしょう。待ち時間に食事やショッピングが楽しめます。

滝壺に青白い水が溜まっている。滝といっても水流はほとんどない

食 買

山の駅たかはら

高原山周辺のアウトドアレジャーの拠点となる施設。レストランではそばやうどん、カレーなどの食事が味わえる。おしらじの滝の色をイメージしたおしらじラムネ、おしらじソフトクリームも人気が高い。

：JR東北線矢板駅からタクシー30分、おしらじの滝駐車場下車

：おしらじの滝駐車場（10分）おしらじの滝（15分）おしらじの滝駐車場（30分）山の駅たかはら

WC：山の駅たかはらにあり

：山の駅たかはらは水曜日定休（冬季は金曜、土曜、日曜・祝日の営業）

問：山の駅たかはら
TEL 0287-43-1515

山梨県

自然がつくった雲上庭園

夢の庭園

ゆめのていえん

2460m　1時間00分

ひんやりとした風を感じに、雲上の自然散策に出掛けませんか。奥秩父、大弛(おおだるみ)峠の上に広がる「夢の庭園」は、花崗(かこう)岩と苔(こけ)、針葉樹がつくり出した標高2000メートルを超える高所に広がる美しい自然庭園です。

大弛峠から大弛小屋方面に進み、道標に従い北奥千丈岳(きたおくせんじょうだけ)方面を目指します。歩き始めから丸太の階段や、段差の大きな木の階段が続きます。一歩ずつゆっくり歩いていきましょう。周りは針葉樹と苔の森。林床(りんしょう)にはさまざまな種類の苔が茂っています。

20分ほど歩くと夢の庭園の看板が立てられた分岐に出るので、右側の道を進みましょう。シラベなどの針葉樹やシャクナゲが茂り、ところどころで白い花崗岩が露出しています。巨石と木々の配置がまるで日本庭園を思わせる美しさ。「夢の庭園」の名称もうなづけます。木の階段を上っていくとほどなく見晴らしがよくなり、ベンチのある展望地に到着します。

西側の眺望が開けており、金峰(きんぷ)山(さん)に向かう稜線(りょうせん)が間近に、金峰山の五丈岩もよく分かります。天気に恵まれれば南アルプスの稜線が連なっているのも眺められます。

帰りは来た道を戻ります。歩き慣れた人なら、前国師岳(まえこくしがたけ)あたりまで足を延ばしてから、来た道を戻ってもよいでしょう。

❶針葉樹と苔、巨石が造り出した自然の庭園を歩く　❷もふもふとした苔を間近に眺めることができる　❸展望地からは西側の山々が一望のもと

食

大弛小屋

大弛峠に建つ、昔ながらのたたずまいの山小屋。昼は軽食の提供があり、館内または屋外のテーブルで、じっくり煮込んだカレーやアツアツのうどんなどが味わえる。

山梨市牧丘町北原4141

TEL 090-7605-8549

🚌：JR中央線塩山駅北口からバスと乗り合いタクシーで1時間20分、大弛峠下車

▶：大弛峠（20分）夢の庭園分岐（10分）展望地（30分）大弛峠

WC：大弛峠バス停近くにあり

❗：大弛峠へのバスは6月上旬～10月下旬の特定日運行、予約制　栄和交通 TEL 0553-26-4546

問：山梨市観光協会
TEL 0553-20-1400

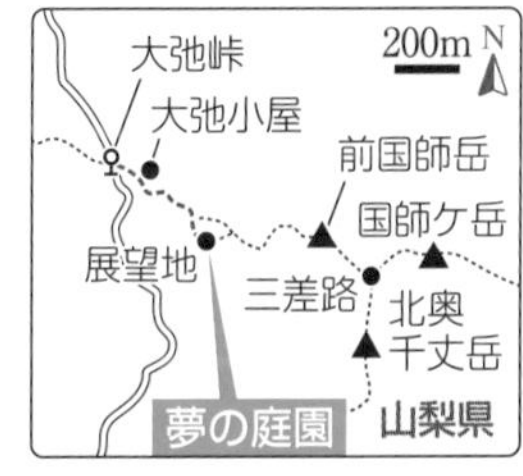

絶景広がる奥秩父最高峰

北奥千丈岳

きたおくせんじょうだけ

2601m　2時間10分

大(おお)弛(だるみ)峠から、奥秩父最高峰の北奥千丈岳を目指します。歩行時間は短いですが本格的な登山となりますので、登山専用の装備や服装でお出かけください。

　大弛峠から北奥千丈岳方面への道標に従って進みます。初めから急な上りで、木の階段を交えながらつづら折りに上っていきます。「夢の庭園」との分岐は左側の道へ。シラベなどの針葉樹、シャクナゲが茂り、林床(りんしょう)にはさまざまな種類の苔が生えて幻想的な風景です。木の階段の段差は大きく、巨石の間をぬうように進むところもあり、なかなか気が抜けません。

　夢の庭園との道に合流してしばらく進むと前国師岳。眺めのよい山頂です。前国師岳から少し下り、国師ケ岳と北奥千丈岳の三差路に出たら右へ。10分弱の上りで北奥千丈岳の山頂に到着します。

　巨石が連なりハイマツが茂る広々とした山頂は360度の展望。西側には金峰山(きんぷさん)や南アルプスの山々、東側には国師ケ岳や甲武信ケ岳(こぶしがたけ)、雲取山(くもとりやま)も眺められます。山名盤があるので、見えている山を確認してみましょう。

　山頂での時間を楽しんだら来た道を戻ります。帰りは夢の庭園に立ち寄っていきましょう。体力と時間に余裕があれば、三差路から国師ケ岳の山頂も目指したいもの。三差路から10分程度、富士山の眺めが見事です。

❶北奥千丈岳山頂から金峰山方面を望む　山名盤で山を調べてみよう　❷山頂一帯は縞模様の岩がゴロゴロと　❸山頂周辺はハイマツが茂る

：JR中央線塩山駅北口からバスと乗り合いタクシーで1時間20分、大弛峠下車

：大弛峠（20分）夢の庭園分岐（40分）前国師岳（15分）北奥千丈岳（15分）前国師岳（40分）大弛峠

WC：大弛峠バス停近くにあり

：大弛峠へのバスは6月上旬～10月下旬の特定日運行、予約制　栄和交通 TEL0553-26-4546

問：山梨市観光協会 TEL0553-20-1400

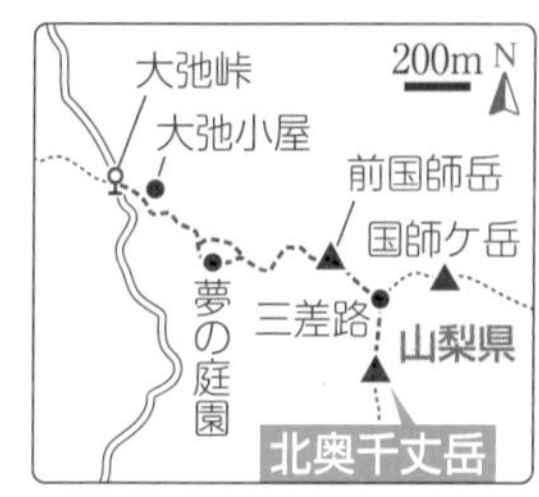

アフターゆる山
02

おいしい、楽しいおみやげを

ショッピング

楽しかった山の思い出に、地元産の特産品などをおみやげに買って帰るのもよいものです。

道の駅

道の駅や最寄り駅の売店は地元のいいものの宝庫です。うどんやそば、こんにゃく、ジャムなどの農産物加工品、地元酒蔵の地酒、とれたての新鮮な野菜や果物などがずらりと並んでいます。海の近くの山なら、海産物加工品もあります。

春は山菜、秋はきのこなど、山ならではの季節感がある食材に出合うことも。なじみのない野菜や山菜があったら、お店の人に食べ方を聞いて購入し、調理してみるのも楽しいものです。道の

駅の惣菜コーナーも狙い目。地元の郷土料理を販売していることがあり、買って帰れば自宅ですぐに食べられます。

工芸品コーナーも見ていきましょう。食器類や布製品、木工品など、地元作家の素敵な作品との出合いも楽しみです。

無人の直売所

山を歩いていると、山麓に無人の農産物直売所があることも多いです。直売所に大量に野菜が置いてあると、ああ今はこの野菜が旬なのだなあ……と実感できます。

地元産の野菜や果物に出合うチャンス。迷わず立ち寄り、よさそうな野菜があれば購入していきましょう。

お店で売っている野菜や果物より見栄えは悪くても、旬のものはおいしくいただけますし、価格も少しお得だったりします。いつ見つけてもよいように、支払い用の小銭を用意しておくことをおすすめします。

ビジターセンターや山小屋

登山口などにあるビジターセンターや、山の中に立つ茶店や山小屋は、登山道や自然に関する情報を得るのに大切な場所ですが、オリジナルのグッズを販売していることがあります。山や動植物をモチーフにした手ぬぐいやTシャツなどを、自分へのおみやげにいかがでしょう。山の景色などを描いた絵はがきは、部屋に飾ってもよいですし、山好きな知人に便りを出すのにも重宝します。

秋

彩りを探しに、ゆる山散歩。

カエデやツツジ、サクラの赤、
ブナやコナラ、カラマツの黄色。
道沿いにはコスモスやヒガンバナなど秋の花。
民家の軒先で陽光を浴びている干し柿。
秋の山は彩りに満ちています。

神奈川県

歴史感じながら樹林の道

六国峠ハイキングコース

ろっこくとうげはいきんぐこーす

約100m　1時間55分

ゆるゆると体を動かす自然散策はいかがでしょう。横浜市金沢区にある六国峠ハイキングコースは、江戸時代の観光地である鎌倉、江の島、金沢八景の周遊路としてにぎわった保土ケ谷道（金沢道）の一部。心地よい樹林歩きを交えて、のんびり過ごすことができます。

夏山坂上バス停から金沢自然公園に向かい、園内散策をしてからスタートしましょう。公園は動物園エリアと植物区に分かれており、植物区では心地よく自然散策が楽しめます。高台にあるため、園内から東京湾や房総半島を望むこともできます。

公園を出たら、大きな駐車場を左手に見ながら散策路を進んでいきます。よく整備された、フラットで歩きやすい道です。途中、じょうご形の給水塔がちょっとした目印になっています。

横浜横須賀道路の上を通り、さらに進むと、横浜市の地域史跡に登録されている能見堂跡へ到着。今は木々に覆われていますが、かつては三浦半島や房総半島、さらには富士山という素晴らしい眺めが楽しめたといいます。「金沢八景」の名前の由来は、ここからの眺望の素晴らしさからきているのだそうです。

能見堂跡を過ぎるとほどなく住宅街に出て、ゴールの金沢文庫駅を目指します。

❶常緑樹と広葉樹が混ざった心地よい樹林を歩く　❷きれいなブルーの給水塔は分かりやすい目印　❷今は石碑や解説板が立つだけの能見堂跡

食 買

金沢自然公園

約60万平方メートルの自然公園。心地よい自然散策路のほか、希少な大型草食動物も見られる動物園エリア、アスレチック遊具の揃うこども広場などがある。ののはなカフェでは軽食メニューやデザートが味わえる。

🚉：京浜急行金沢文庫駅からバス10分、夏山坂上下車

🚩：夏山坂上バス停（５分）金沢自然公園（園内散策20分）（60分）能見堂跡（30分）金沢文庫駅

WC：金沢自然公園にあり

❗：土・日曜、祝日は金沢文庫駅から金沢動物園行きのバスが運行している

問：横浜金沢観光協会 TEL045-780-3431

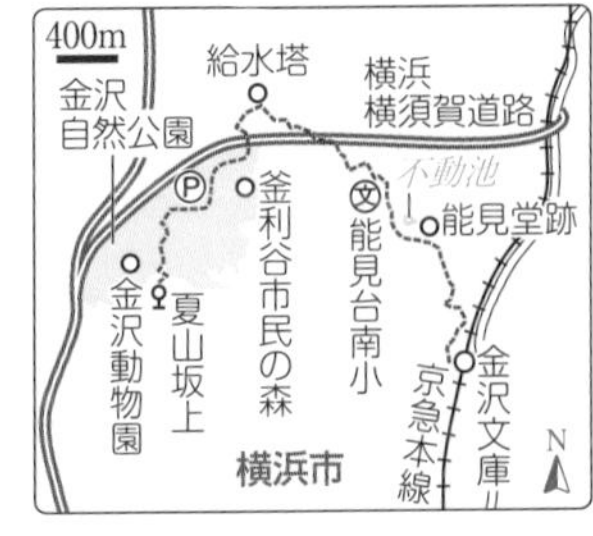

神奈川県

仏たち目指し石畳の道

箱根石仏めぐり

はこねせきぶつめぐり

約870m　1時間20分

昔の人々を思いながら、旧街道歩きはいかがでしょう。芦ノ湖の湖畔から中世の箱根越えの道を歩き、鎌倉時代に造られた箱根の石仏群を目指します。

スタートは元箱根港バス停から。「箱根旧街道」の道標に従い、まずはお玉ケ池を目指します。ところどころに石畳が残る道です。お玉ケ池の間近にそびえるのは二子山（北側が上二子山、南側が下二子山）。お玉ケ池から精進池までは石畳や石段を交えた上り道。針葉樹の樹林の中、静かな街道の雰囲気を味わえます。かなり急な上りが続くので、息を整えながら、ゆっくり進みます。

精進池周辺の見どころが「箱根の石仏群」。全体が国史跡に指定され、石造物の一部は国の重要文化財でもあります。八百比丘尼の墓、曽我兄弟・虎御前の墓などの石塔や、六道地蔵、二十五菩薩などの石仏を見ることができます。

精進池から地下道を通って国道の対岸に出ると、六道地蔵の前に。高さ3・15メートルの巨大な磨崖仏です。地下道を戻り散策路を進み、多田満仲の墓の先で再び地下道をくぐると二十五菩薩。曽我兄弟と虎御前の墓は、その先、国道1号沿いにあります。

国道に出ればバスで箱根湯本へ向かうことができますが、遊歩道を15分ほど歩き、芦之湯温泉まで足を延ばすのもよいでしょう。

❶積み上がった岩のひとつひとつに石仏が彫られた二十五菩薩　❷旅情をそそる箱根旧街道の看板　❸お玉ケ池。背後にそびえるのは二子山

湯

箱根温泉郷

箱根は関東地方有数の温泉地。箱根湯本、仙石原など17の温泉郷があり、良質な温泉が温泉宿や日帰り入浴施設で楽しめる。箱根石仏群付近に湧く芦之湯温泉は、鎌倉時代から湯治場として知られていた名湯。美肌の湯と評される青白い濁り湯だ。

- 🚉：箱根登山鉄道箱根湯本駅からバス35分、元箱根港下車
- ▶：元箱根港バス停（30分）お玉ケ池（40分）六道地蔵（10分）曽我兄弟の墓バス停
- WC：元箱根港バス停周辺にあり
- ❗：箱根は山岳地で気温も低め。秋～冬は帽子やニット帽などの防寒具を
- 問：箱根町総合観光案内所 TEL 0460-85-5700

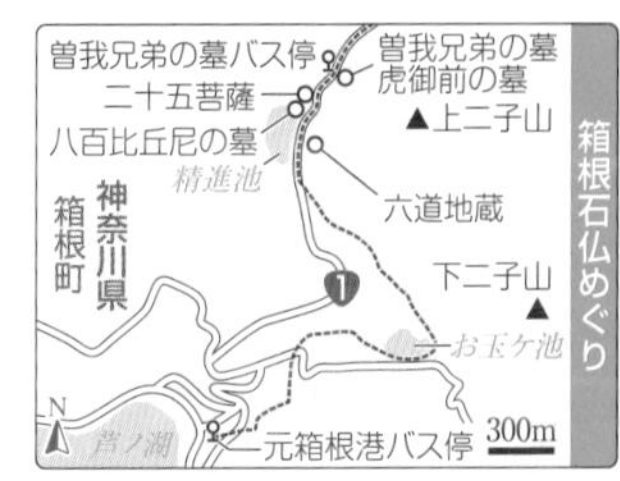

木々の間から関東平野

金比羅山

こんぴらやま

468m　2時間00分

空気の澄んだ秋、よく晴れた日に展望のゆる山歩きはいかがでしょう。金比羅山は、武蔵五日市駅から歩いてアクセスできる展望自慢の低山です。

武蔵五日市駅から檜原(ひのはら)街道を進み、道標に従って住宅街に入り、登山口に向かいます。登山道に入ってからは杉やヒノキの樹林の中、コンクリート舗装や砂利道で歩きやすい道が続きます。ところどころに道標が立てられており、「金比羅山」方面に進みます。

ゆるやかに上り続けると、金比羅公園展望台へ。コンクリートの展望デッキからは、木々の間から関東平野が見渡せます。さらにもうひと上りであずまやへ。あずまやの前はこのルート随一の絶景ポイント。天気に恵まれればスカイツリーや都庁など東京のビル群、さらには横浜ランドマークタワーやベルーナドームなどもくっきりと眺められます。眼下にはあきる野市の市街地、JR五日市線も見つけることができるでしょう。

あずまやから少し上ると琴平神社に到着。木々に囲まれた中に風格のある社殿が立ち、その左手にあずまやとトイレがあります。琴平神社から金比羅山の山頂へはさらに山道を上って10分弱、木々に囲まれ、小さな道標があるのみです。琴平神社を今日のゴールにしてもいいでしょう。

帰りは来た道を戻ります。

❶山頂直下のあずまやからの眺め。天気に恵まれればスカイツリーや都心のビル群も一望　❷住宅街を進み登山口へ　❸山頂広場に建つ琴平神社

湯

つるつる温泉

日の出山の東山麓に立つ日帰り入浴施設。大浴場と露天風呂があり、なめらかな肌触りの湯を満喫できる。館内には食堂もあり。武蔵五日市駅からバス約20分。

東京都日の出町大久野4718

TEL 042-597-1126

：JR五日市線武蔵五日市駅下車

：武蔵五日市駅（30分）登山口（25分）琴平神社（10分）金比羅山（55分）武蔵五日市駅

WC：琴平神社付近にあり

：あきる野市内のコンビニでは、市内の特産品を販売

問：あきる野市観光協会 TEL 042-596-0514

四季折々、秋はコスモス

くりはま花の国

くりはまはなのくに

約100m　1時間30分

コスモスのお花畑をのんびりと歩いてみませんか。神奈川県横須賀市に広がる「くりはま花の国」は、自然の地形を生かしてつくられた緑豊かな公園です。1年を通じてさまざまな花をめでることができますが、中でも名物といえるのが春のポピーと秋のコスモスです。

京急久里浜駅東口から、くりはま花の国までは15分ほどの道のり。正門から園内に入るとすぐにコスモス園に。約100万本のコスモスが出迎えてくれます。ピンクや白、黄色いコスモスが一面に広がり、メルヘンチックな雰囲気。コスモス畑の中にしつらえられた散策路を歩くことができます。ところどころに撮影スポットの案内もあります。

コスモスが見られるのは例年9月中旬から10月下旬にかけて。レモンブライト、センセーションなど4種類のコスモスが順次見頃を迎えていきます。開花時期にあわせてコスモスまつりを開催しており、最終日には無料で花を摘んで持ち帰ることもできます。

コスモス園以外にも、東京湾や房総半島を望む展望台、お弁当を広げてゆっくりしたい芝生広場や約80種のハーブが楽しめるハーブ園、ゴジラの滑り台がある冒険ランドなど、園内にはさまざまな見どころがあります。たっぷり楽しんでいきましょう。

❶濃淡のピンクや白のコスモスが風に揺れる　❷コスモスと時季を同じくしてダリアのお花畑も
❸木造の展望デッキからはコスモス園が一望に見渡せる

食 買

コスモス館

コスモス園に近い正門付近にあるショップで、横須賀市のおみやげや、冒険ランドのゴジラの滑り台にちなんだゴジラグッズを販売している。ラベンダーやコスモスなど、季節の花に合わせたソフトクリームも好評。

- 🚉：京浜急行京急久里浜駅下車
- 🚶：京急久里浜駅（15分）くりはま花の国（園内散策60分）（15分）京急久里浜駅
- WC：園内各所にあり
- ⓘ：開花情報はくりはま花の国のサイトで確認できる
- 問：TEL046-833-8282

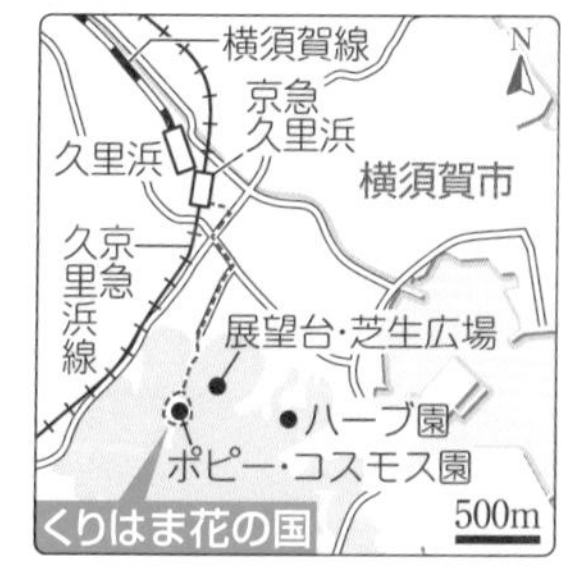

千葉県

岩壁流れ落ちる迫力

金神の滝

こんじんのたき

知られざる滝を目指して、ゆる山歩きに出かけましょう。紅葉の名所として知られる、房総半島・養老渓谷（P96掲載）の観光と組み合わせて訪れたいのが「金神の滝」。落差35メートル、岩壁を垂直に流れ落ちる滝です。

スタートは粟又（あわまた）・ごりやくの湯バス停から。養老渓谷を観光した後に訪れるなら、粟又ノ滝バス停からも歩くことができます。バスを下りると見える、日帰り温泉入浴施設「ごりやくの湯」の建物を目指して進み、駐車場の奥から散策路に入ります。小川を橋で渡ってしばらく進むと、山道と平たんな芝生の道に分岐します。どちらも目的地は同じですが、山道のほうは、距離は短いながらも上り斜面や少し歩きにくいところがあります。赤い鳥居に向かって階段を下れば、下り切ったところが金神の滝です。

滝壺近くまで近づくことができます。雨上がりなどで水量の多いときは、細かな水しぶきが漂って迫力満点。水量が少なくても美しい姿を眺めることができるでしょう。太陽の神、水の神、土の神が祀（まつ）られています。

帰りは川沿いの平たんな道を歩いて分岐まで戻り、粟又・ごりやくの湯バス停を目指します。ごりやくの湯で温泉を楽しんでいくのもよいでしょう。

落差35mの金神の滝。条件に恵まれれば滝の下部に虹がかかっているのを見られることも

湯

ごりやくの湯

粟又の滝の上流に位置する日帰り入浴施設。開放的な岩風呂の露天風呂や、木々の緑を窓越しに眺められる内湯が快適だ。入浴後は千葉の海の幸、山の幸を使った料理が豊富に揃う食堂で一息つきたい。

千葉県大多喜町粟又字ヤシウ176

TEL 0470-85-0056

：小湊鉄道養老渓谷駅からバス20分、粟又・ごりやくの湯下車

：粟又・ごりやくの湯バス停（5分）ごりやくの湯（30分）金神の滝（25分）粟又・ごりやくの湯バス停

WC：道中になし

：バスは1日に4～5本の運行。最新の時刻表で確認を

問：大多喜町観光協会 TEL 0470-80-1146

色づいた木々を楽しむ

吾妻山

あづまやま

約125m 1時間10分

秋のひんやりとした風を感じながら、のんびりゆる山歩きへ出かけましょう。

神奈川県秦野市、鶴巻温泉駅の西側に位置する吾妻山は、心地よい樹林歩きと山頂からの展望が楽しめる山です。秦野駅から権現山、弘法山と続く「弘法山ハイキングコース」の一部でもあります。歩き慣れた人なら、秦野駅から3つの山をつないで歩いてもよいでしょう。歩行時間3時間程度の行程です。

鶴巻温泉駅から道標に従って住宅街を抜け、東名高速道路の下をくぐって登山道へ。やや急な山道を上っていくと「弘法山ハイキングコース」の石碑が立っています。うっそうと木々が茂る中を緩やかに上っていきます。

広々とした山頂には「吾妻神社」の石碑が立てられています。あずまややテーブル、ベンチもあるのでゆっくりしていきましょう。木々に覆われていますが東から南方面が開け、相模湾が見渡せます。よく晴れた日には江の島など、海岸線もくっきり眺められます。木々が葉を落とす晩秋から冬にかけては空気が澄んでいて、展望を楽しむのに適しています。

帰りは来た道を戻り、鶴巻温泉駅へ。温泉に立ち寄るのもよいでしょう。駅近くに日帰り入浴施設があるほか、日帰り利用に対応している温泉宿もあります。

❶吾妻山山頂から関東平野を一望に見渡す　❷山頂には木造のあずまやが立つ　❸広葉樹の森の中、なだらかな丸太の階段が続く

湯

鶴巻温泉

丹沢山塊の麓に湧く温泉地。カルシウムが豊富な温泉は筋肉痛や冷え性などに効果があるといわれている。鶴巻温泉駅から徒歩2分の日帰り入浴施設・弘法の里湯では、内湯と露天風呂で温泉を満喫できる。また、鶴巻温泉駅北口駅前には手湯もある。

：小田急線鶴巻温泉駅下車

：鶴巻温泉駅（10分）登山口（30分）吾妻山（30分）鶴巻温泉駅

WC：鶴巻温泉駅にあり

：日帰り入浴の場合は営業時間、定休日などの確認を

問：秦野市観光協会
TEL 0463-82-8833

富士山と相模湾を一望

披露山公園

ひろやまこうえん

92m　1時間30分

「明日天気がよさそうだ」と思ったら、展望のシーサイドウオーキングに出かけませんか。三浦半島、神奈川県逗子市に位置する披露山は、相模湾と富士山が一望できる山。山頂一帯が披露山公園として整備されています。

逗子駅から、まずは逗子海岸を目指します。海を眺めながら砂浜を進み、海岸の終点から国道に出ます。道を少し進むと浪子不動（なみこふどう）園地に。高台に、徳冨蘆花（とくとみろか）の小説「不如帰（ほととぎす）」の舞台となった高養寺、別名「浪子不動」が立ちます。

高養寺の本堂の脇からハイキングコースに取り付き、披露山の山頂へは20分ほどの道のり。ところどころぬかるんで足場の悪い箇所がありますが、木々が茂り、静かな山の雰囲気を味わえます。

披露山公園にたどり着いたら、展望台に上ってみましょう。リビエラ逗子マリーナや相模湾を眼下に見下ろし、伊豆半島や箱根の山々、富士山も眺められます。天気に恵まれれば海に浮かぶ伊豆諸島も見つけられるでしょう。園内では、ニホンザルやクジャクなどの動物が飼育されています。

公園からは来た道を戻ってもよいですが、天気がよければ大崎公園まで足を延ばしてみましょう。先端の展望地からは、さきほどと違った角度で相模湾が見渡せます。帰りは住宅街を進んで小坪漁港へ向かいます。

❶披露山公園の展望台からの眺め。箱根の山々の向こうに富士山が　❷披露山ハイキングコースの入り口、浪子不動園地　❸昭和レトロな雰囲気の展望台

小坪漁港

逗子市西部に位置し、鎌倉時代から存在していたと言われる漁港。毎年1月2日には豊漁と海上の安全を願って漁港の船からみかんを投げる「みかん投げ」が行われている。付近には海産物を扱う売店や食堂が点在している。

- ：JR横須賀線逗子駅下車
- ：逗子駅（35分）浪子不動（20分）披露山公園（15分）大崎公園（20分）小坪バス停
- WC：逗子海岸、披露山公園など数カ所
- ：小坪バス停からは逗子駅、鎌倉駅方面に乗車可能
- 問：逗子市役所 TEL046-873-1111

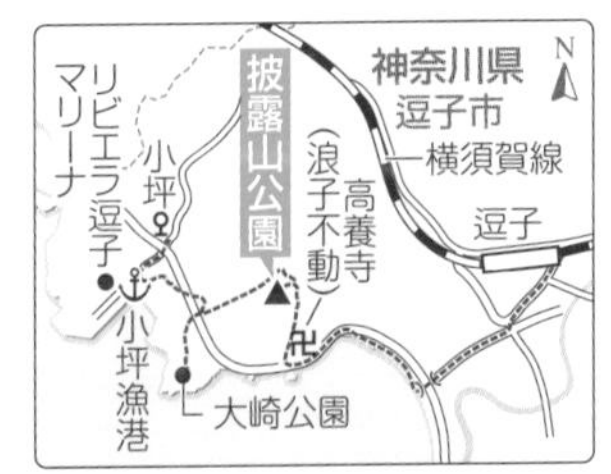

静岡県

眼下に曲線美しい駿河湾

香貫山

かぬきやま

193m

1時間05分

富士山と海を望む展望ハイキングはいかがでしょう。静岡県沼津市にそびえる香貫山は、市街地から近い所にありながら、展望のよさが自慢です。

スタートは黒瀬バス停から。バス通りを進み、登山口の道標に従って、階段を上って樹林に入ります。冬でも葉が茂る、常緑樹の心地よい森の中を進みます。岩が露出しているところもあり、雨上がりでぬれているときは足元に気をつけて。

登山口から15分ほど進むと香陵台(こうりょうだい)に到着。立派な五重塔が目印です。ベンチがあるので休んでいくとよいでしょう。サクラが多く植栽されており、春には満開の花に彩られます。

香陵台からさらに進んで香貫山の山頂へ。分岐には道標が立てられています。ただ、香貫山の山頂は手描きの道標があるだけで、見晴らしもいまひとつ。5分ほど進んで、展望台まで足を延ばしてみましょう。展望台の頂上からは、眼下に沼津の市街地を見下ろし、ぐるりと湾曲する駿河湾や、富士山がきれいに眺められます。富士山の手前には愛鷹山(あしたかやま)がどっしりとそびえています。冬、天気に恵まれれば白く雪をかぶった南アルプスの山々が富士山の左手に眺められるでしょう。

絶景を楽しんだら来た道を戻り、黒瀬バス停に向かいます。

❶香貫山展望台からは愛鷹連峰や富士山が一望のもと　❷常緑樹の森を進み山頂を目指す
❸香陵台に建つ五重塔は戦没者慰霊塔

食

沼津で魚料理

沼津を訪れたら味わいたいのが魚料理。沼津港周辺は、新鮮な魚介類や海産物の味わえる店が揃っている。寿司や海鮮丼、定食などで海の幸を満喫したい。アジの干物は定食などで味わっても、おみやげにしても喜ばれる逸品。

🚌：JR東海道線沼津駅からバス12分、黒瀬下車

▶：黒瀬バス停（15分）香陵台（20分）香貫山（30分）黒瀬バス停

WC：香陵台付近と展望台

ⓘ：香貫山周辺はサクラの名所。見頃は3月下旬～4月上旬

問：沼津市役所
TEL055-931-2500

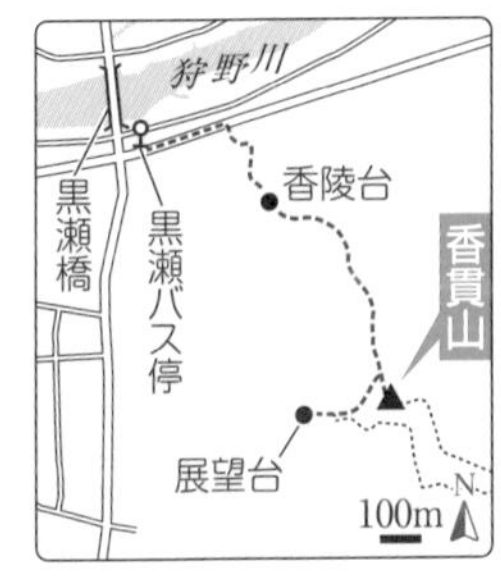

山門くぐり参道、古刹へ

日向薬師

ひなたやくし

404m

2時間00分

風情あふれる山の古刹（こさつ）へ。神奈川県厚木市と伊勢原市の境にそびえる日向山で、静かなゆる山歩きを楽しみましょう。山麓には、日本三薬師に数えられる日向薬師があります。

日向薬師バス停から、道標に従って日向薬師に向かいます。山門をくぐり、古い石段を交えた参道を上り、本堂（薬師堂）へ。境内地はスダジイやモミ、モミジ、タブノキ、ケヤキなど多彩な木々が見られる貴重な植生。「日向薬師の寺林」として神奈川県の天然記念物に指定されています。

日向薬師は奈良時代初頭の霊亀２（７１６）年の開山。かやぶき屋根の本堂は江戸時代前期、万治３（１６６０）年に建てられたもので、国の重要文化財に指定されています。

本堂の左側から境内の奥に進み、舗装道路を横切って登山道に取り付きます。山頂直下は丸太の階段をまじえた急坂。ゆっくり上っていき、木々に覆われた日向山の山頂に到着。小さな石の祠（ほこら）が祀（まつ）られています。

下山は広沢寺（こうたくじ）方面へ。距離は短いですが急な山道を下り、20分ほどで舗装道路に出ます。沢沿いの道を進み、ゴールの広沢寺温泉入口バス停を目指しましょう。道中にはパワースポットともいわれる大釜弁財天や、弁天岩などの名所も点在します。

❶日向薬師の寺林の中を進む。石段も風情たっぷり　❷茅葺き屋根の本堂が目を引く日向薬師でお参りを　❸木々に覆われひっそりとした日向山の山頂

観

弁天岩

大釜弁財天から広沢寺温泉入口バス停に向かう途中、道沿いの川の対岸にそびえる巨大な一枚岩が弁天岩。クライミングの岩場としても知られており、多くのクライマーが岩を登っているのを見ることができる。

：小田急線伊勢原駅からバス20分、日向薬師バス停下車

：日向薬師バス停（10分）日向薬師（40分）日向山（25分）大釜弁財天（45分）広沢寺温泉入口バス停

WC：日向薬師にあり

：伊勢原駅から日向薬師行きのバスは1時間1～2本。最新のダイヤで時刻の確認を

問：厚木市観光協会
TEL 046-240-1220
伊勢原市観光協会
TEL 0463-73-7373

静岡県

陽光に輝くススキの草原

稲取細野高原

いなとりほそのこうげん

821m

1時間40分

銀色の穂が風にゆれ、陽光にきらめくススキの草原。秋ならではの景観を見に出掛けましょう。

関東近郊のススキの草原として人気が高いのは神奈川県箱根町の仙石原ですが、近年注目を集めているのは静岡県東伊豆町の稲取細野高原。広大なススキの草原と、その向こうに広がる海の絶景が楽しめる、この季節ならではのハイキングコースです。ススキの見頃に合わせて伊豆稲取駅から細野高原への路線バスの運行、絶景ポイントまでのシャトル送迎、さらにさまざまなイベントを開催しています。

細野高原バス停を起点に散策を楽しみます。路線バスの運行はイベント開催期間中の土・日曜、休日のみですが、それ以外の日はタクシーでアクセスできます。

入山受付所で入山料を支払い、案内マップをもらって入場します。草原の奥、三筋(みすじ)山まで足を延ばしてみましょう。園内は階段などもまじえて歩きやすく整備されていますし、いたるところに道標があり、安心です。ところどころに絶景ポイントの表示もあります。

三筋山の山頂は芝生の広場。天城連山や東伊豆の海岸線、天気に恵まれれば伊豆諸島も眺められます。山頂からの下りは来た道とは違うルートを下ってみましょう。所要時間はそれほど変わりませんし、道標もあちこちにあります。

❶ススキの草原の向こうに駿河湾が眺められる。うっすらと伊豆大島の姿も　❷なだらかな丘陵を埋めつくすススキの草原　❸遊歩道は舗装されて歩きやすい

キンメダイ

伊豆稲取はキンメダイの漁獲量が全国有数。稲取の温泉宿や漁港周辺の食事どころでは、脂の乗った良質なキンメダイを、煮物や寿司、しゃぶしゃぶ、干物など、さまざまな調理法で味わえる。

- 🚉：伊豆急行伊豆稲取駅からタクシー 15分
- ▶：細野高原バス停（1時間）三筋山（40分）細野高原バス停
- WC：入り口ほか園内数カ所
- ⓘ：イベント開催期間やススキの見頃は東伊豆町観光協会のサイトで確認できる
- 問：東伊豆町観光協会 TEL 0557-95-0700

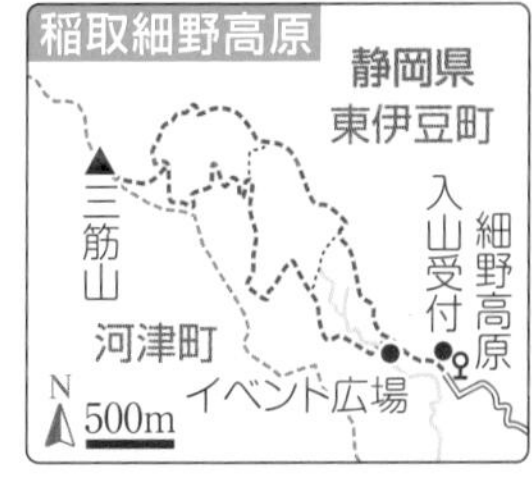

関東の耶馬渓、錦秋の渓谷

高津戸峡

たかつどきょう

約180m　0時間50分

錦秋を求めて、渓谷歩きに出掛けませんか。関東の耶馬渓（やばけい）とも称される、群馬県の高津戸峡は渡良瀬（わたらせ）川の中流に位置し、新緑、紅葉の名所として人気の高いスポットです。

わたらせ渓谷鉄道の大間々（おおまま）駅からスタート。渡良瀬川にかかる高津戸橋を渡り、川を左手に眺めながら遊歩道を進みます。スニーカーでも歩ける、よく整備されて平たんな散策路です。

青々とした水をたたえた渡良瀬川と、紅葉した木々を眺めながら、のんびりと歩きましょう。岩の形がゴリラの頭に見えなくもない「ゴリラ岩」や、水流と小石が岩をえぐったポットホールなど、岩が造り出す不思議な景観を見ることもできます。ところどころにあずまやがあるので、一息つくのもよいでしょう。

高津戸橋から始まる遊歩道は約500メートルの道のりで、終点がはねたき橋。歩行者専用の橋で、橋の上から歩いてきた方向を眺めることができます。景色を楽しんだら来た道を戻り、大間々駅を目指します。

高津戸橋まで戻ったら、橋のたもとにあるながめ公園に立ち寄ってみましょう。春はサクラやツツジ、秋は菊の花が園内を彩っています。高津戸峡の眺めがよいのが名前の由来。歩いてきた高津戸峡を見渡すと感動もひとしおです。

①赤や黄色の木々に彩られた高津戸峡。遠くにはねたき橋が見える　②独特の岩の形が目を引くゴリラ岩　③橋からの眺めもすばらしい

観

わたらせ渓谷鉄道

栃木県日光市足尾町と群馬県桐生市をつなぐ、全長44キロメートルのローカル鉄道。渡良瀬川沿い、豊かな自然の中を走り、春は新緑、秋は紅葉の景観を車窓から眺めるのが楽しい。トロッコ列車の運行もあり、鉄道ファンや観光客に人気。

：わたらせ渓谷鉄道大間々駅下車

：大間々駅（5分）高津戸橋（20分）はねたき橋（25分）大間々駅

WC：ながめ北駐車場、はねたき橋たもとにあり

：時間と体力に余裕があれば、要害山展望台まで往復してもよい。片道10分の上り

問：みどり市観光協会 TEL0277-46-7289

東京都

楽しみたい名残の紅葉

秋川渓谷

あきがわけいこく

約220m　2時間20分

紅葉の美しい渓谷沿いを歩いてみませんか。東京都あきる野市を流れる秋川渓谷で、のんびりと里山の秋の雰囲気を味わいましょう。

　スタートはJR五日市線の武蔵五日市駅から。「秋川渓谷」の看板を目印に階段を下り、秋川の川原に下り立ちます。のびやかな広い川原に沿って歩いていくと、周りの木々が赤や金茶色に色づいています。小和田橋を渡り、道標に従って広徳寺を目指しましょう。応安6（1373）年創建の古刹で、風格のある茅葺（かやぶ）き屋根の山門は江戸時代中期の建築といわれています。山門の奥にはイチョウの大木があり、秋は黄葉が見事。陽光を受けて輝く木々も、落葉した葉が絨毯（じゅうたん）のように地面を埋めている様子も美しいです。

　再び沢沿いの道に戻り、進んでいきます。佳月橋のたもとには金田一春彦の歌碑があります。沢戸橋は橋の上からの景観がよく、川原に下り立つこともできます。一息ついていくとよいでしょう。星竹橋から先は道路沿いの木々の間から青白い水をたたえた渓谷がちらちらと眺められます。

　落合の集落までたどり着いたら、ゴールの瀬音の湯を目指します。時間があれば入浴を、時間がなければ足湯で体を温めていきましょう。石舟橋からの景観もすてきです。

❶秋川渓谷瀬音の湯の入り口、石舟橋を望む　❷広徳寺は山門の奥にイチョウの大木がそびえる　❸石舟橋から渓谷を望む。岩と渓流の色合いが美しい

湯

秋川渓谷瀬音の湯

秋川渓谷沿いに建つ日帰り入浴施設。滑らかな肌触りの温泉が楽しめる。広々とした内湯と、緑を間近に眺められる露天風呂が心地よい。食事どころでは地元の食材を使った料理が味わえる。地場産品が揃う売店も。

東京都あきる野市乙津565
TEL 042-595-2614

🚃：JR五日市線武蔵五日市駅下車
▷：武蔵五日市駅（50分）広徳寺（30分）沢戸橋（60分）瀬音の湯
WC：秋川橋河川公園、小和田橋などにあり
ⓘ：帰りは瀬音の湯、または瀬音の湯から徒歩５分の十里木バス停から武蔵五日市駅行きのバスあり
問：あきる野市観光協会 TEL 042-596-0514

千葉県

錦秋に輝く粟又の滝

養老渓谷

ようろうけいこく

約130m　1時間30分

養老渓谷は千葉県大多喜町と市原市を流れる養老川により造り出された渓谷です。渓谷沿いのハイキングルートの中で、誰でも気軽に楽しめるのが「滝めぐりコース」。養老の滝の別名を持つ粟又（あわまた）の滝をはじめ、いくつかの滝と見事な紅葉を満喫できます。例年の紅葉の見頃は11月下旬から12月上旬です。

起点は粟又ノ滝バス停から。道標に従い、養老川に向かって緩やかに下っていくと、すぐに粟又の滝が現れます。全長100メートルの幅広の滝で、緩い傾斜の岩を流れ落ちる姿が見応え十分です。滝の右岸（下流から見て左側）に遊歩道があり、流れる様子を真横から眺めることもできます。

粟又の滝を満喫したら、川沿いの遊歩道を進みます。コンクリート舗装の歩きやすい平たんな道です。水深が浅く、川底がくっきり見えるほどの透明度。周りの木々が水面に鏡のように映し出されています。ところどころにカエデの大木があり、川に張り出すように枝を広げています。

のんびりと紅葉をめでながら歩き、橋にたどり着いたら橋を渡ります。舗装道路を上ってバス通りに出たら、粟又ノ滝バス停を目指しましょう。バス通りにある粟又の滝展望台から、滝の全容を見ることができます。

❶渓谷の両側を覆うようにカエデなどの広葉樹が茂っている　❷幅広の岩を流れ落ちる粟又の滝
❸渓谷沿いは遊歩道が整備されている

観

弘文洞跡

約160年前、江戸時代末期に、耕地開拓の目的で養老川の支流である筒森川を川まわしするために造られた隧道（トンネル）。昭和54年にトンネルの上部が崩壊し、今は川の両側が切り立った岩場のような景観になっている。

- 🚉：小湊鉄道養老渓谷駅からバス17分、粟又ノ滝下車
- ▶：粟又ノ滝バス停（5分）粟又の滝（40分）橋（20分）原ノ台（25分）粟又ノ滝バス停
- WC：粟又ノ滝バス停付近、原ノ台バス停付近にあり
- ！：粟又ノ滝行きの路線バスは1日4～5本。最新の時刻表を確認
- 問：大多喜町観光協会 TEL 0470-80-1146

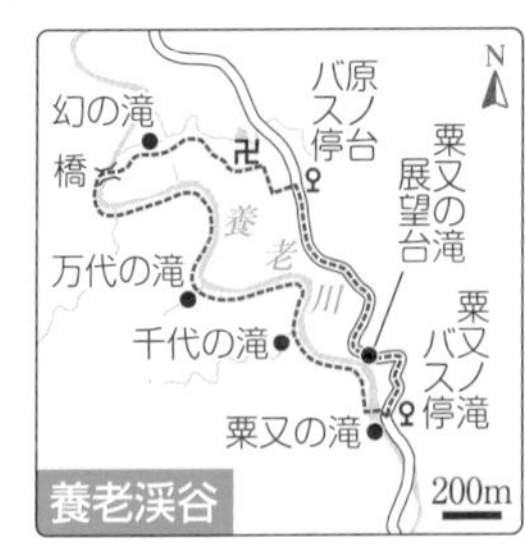

身も心もほっこり、さっぱり

至福の温泉

アフターゆる山
03

青空の下、ゆる山歩きを楽しんだ後には、温泉が格別です。山歩き後の温泉は、心と体を癒やし、さらに疲れを翌日に残さない効果もあると思います。薄手のタオルと着替え用の下着、使い切りタイプの化粧水などを入れた「お風呂セット」を持っていくとよいでしょう。

日帰り入浴

温泉地には日帰りの温泉入浴施設のあるところが多いですし、日帰り入浴に対応している温泉宿もあります。緑に囲まれた景色のよい露天風呂でのんびりするのもよいですし、地元の方々が利用する温泉の銭湯も、アットホームで楽しいでしょう。

温泉宿で日帰り入浴をする場合は、日帰り入浴可能な時間を確認しておきます。宿泊客に考慮して、チェックアウトからチェックインまでの時間、10時ごろから15時ごろまでのことが多いです。宿のサイトで

最新の情報を確認しましょう。日帰り入浴施設の場合は、定休日の確認もお忘れなく。

お泊まりゆる山歩き

温泉地に近い山に出かけるなら、温泉宿での1泊を組み合わせた「お泊まりゆる山歩き」がおすすめです。日帰り入浴は手軽で快適ではありますが、お風呂に入るとかえって疲れがどっと出てしまう、帰宅時間が遅くなるのが気になる……という人も多いのでは。

お泊まりにすれば、温泉に入ってから客室でのんびり過ごせて、帰りの電車やバスを気にする必要もありません。たまにはがんばった自分に「特別なごほうび」をどうぞ。

足湯・手湯

電車やバスの時間の都合で入浴が難しいとき、バス停周辺や最寄り駅などに足湯の施設があれば、入ってみましょう。ぬるめのお湯にじっくり、あるいは熱めのお湯にさっと足を浸けるだけでも、体がじわーっと温まるのでおすすめです。温泉地の場合は温泉街や駅前に手湯のコーナーがあるところも。靴や靴下を脱いで入る足湯よりもさらに手軽に、温泉を楽しめます。

冬

静けさを味わう、ゆる山散歩。

空気が澄んでいるから、
遠くの山も、町並みも、くっきりと見渡せます。
霜柱をザクザク踏み締めたり、
梅やスイセンの花の匂いを感じたり。
冬の山は五感で楽しみます。

初日の出にもおすすめ

あさひ山展望公園

あさひやまてんぼうこうえん

213m　2時間10分

埼玉県飯能市、美杉台ニュータウンの中にあるあさひ山展望公園は、夜景スポット、初日の出スポットとしても人気の高い場所です。駐車場から階段を上ればすぐ山頂にたどり着けますが、飯能駅を起点にした周回コースで里山歩きも楽しみましょう。

西武池袋線飯能駅南口から、美杉台ニュータウン方面に向かって進みます。舗装道路ではありますが緩やかな上り坂。もみじ橋を渡ったところで右手の山道に入っていきます。心地よい広葉樹の林を進み、いったん住宅街に出て再び林の中へ。階段を交えつつ上っていくと、ゆうひ山公園の看板があります。樹林に覆われていますが、北側の展望が開けています。

ゆうひ山公園から山道を下り、住宅街を抜けるとほどなく、あさひ山展望公園の山頂へ向かう階段が現れます。広々とした山頂には大きな日時計があります。大岳（おおだけ）山（さん）、御前山（ごぜんやま）など奥多摩の山々、丹（たん）沢（ざわ）山塊、スカイツリーや筑波山、富士山も眺められ、山が見える方向に山名が表示されています。

下山は北側の登山道へ。「美杉台・大河原」の看板に従って進みます。うっそうとした針葉樹の林で、木の根が出ていたり、傾斜が急なところもあるので十分注意して歩きましょう。舗装道路に出たら右に進み、飯能河原を経て飯能駅に向かいます。

❶広々として眺めのよいあさひ山展望公園の頂上　❷広葉樹の森を進み、ゆうひ山公園に向かう
❸階段を上りきるとあさひ山展望公園の頂上に

観

店蔵絹甚

蔵造りの建物が点在する飯能大通り商店街に建つ、明治37(1904)年に建てられた土蔵造りの建物。現在は無料で内部の見学ができる。

埼玉県飯能市本町2-2

：西武池袋線飯能駅下車

：飯能駅(30分)もみじ橋(20分)ゆうひ山公園(20分)あさひ山展望公園(30分)大河原登山口(30分)飯能駅

WC：あさひ山展望公園にあり

：飯能河原は、春～秋は行楽客でにぎわう観光スポット

問：奥むさし飯能観光協会 TEL042-980-5051

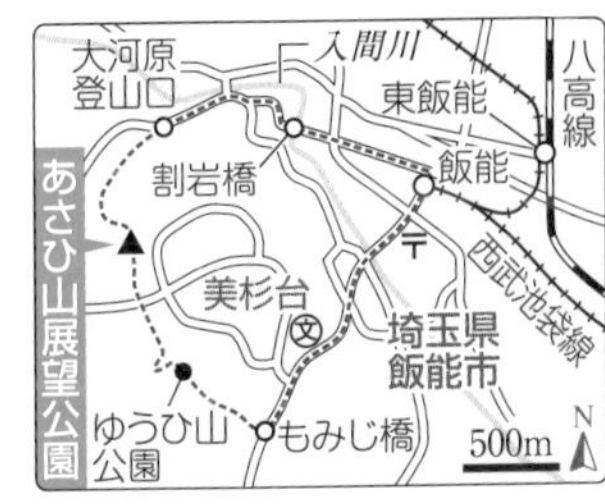

尾根道歩き山城跡へ

滝山公園

たきやまこうえん

約170m　1時間50分

穏やかな丘陵散歩はいかがでしょう。多摩川と秋川が合流する地点には、なだらかな丘陵が延びています。このあたりは、戦国時代に北条氏照の居城「滝山城」があり、空堀や土塁など、城跡であることを示す遺構が多く残されています。この一帯は都立滝山公園として整備されており、歴史散歩が楽しめます。

東京都八王子市の左入（さにゅう）バス停から国道16号を進み、「滝山城跡入口」の看板から山道に取り付きます。やや急な丸太の階段を上り切ったら、滝山街道と並行して延びる尾根道を進みます。高低差もあまりなく心地よい道で、葉を落とした木々の間から町並みが見渡せます。のんびりと樹林を進んでいくと、「都立滝山公園」の看板が現れ、公園のパンフレットも置いてあります。

滝山公園の敷地内に入ると、ところどころに城跡を示す解説板があります。滝山城は、東西に長く、急峻（きゅうしゅん）な断崖や入り組んだ谷戸を利用した堅固な山城であったことがうかがえます。解説は分かりやすく、興味深く見ることができます。

広場になっている中の丸址（あと）を過ぎ、城主が住んでいたとされる本丸址には石碑が立っています。戦国の世に思いをはせつつ、一息ついていきましょう。本丸址からは歩きやすい舗装道路を下って、滝山城址下バス停を目指します。

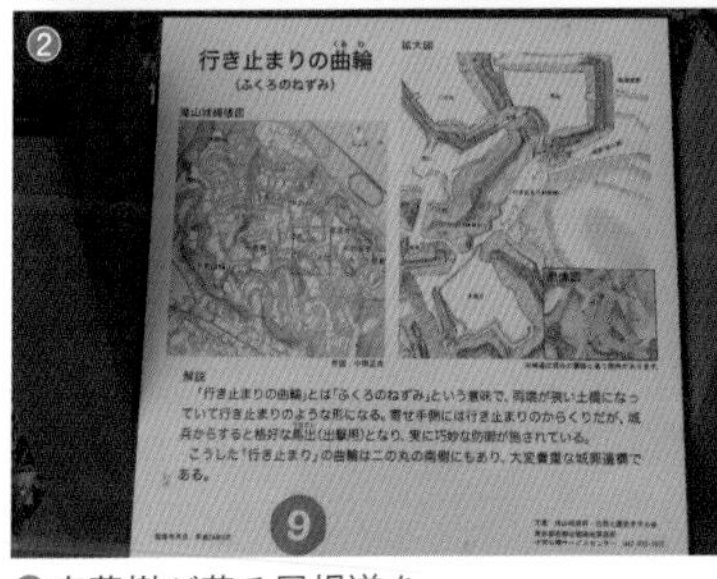

❶広葉樹が茂る尾根道を進む。晩秋は色づいた木々が美しい　❷城跡の解説板があちこちに　❸滝山公園、本丸址には立派な石碑が立つ

🚉：JR中央線／京王八王子駅からバス20分、左入下車
▶：左入バス停（15分）滝山城跡入口（1時間15分）滝山城跡（本丸）（20分）滝山城址下バス停
WC：滝山城跡（中の丸址）にあり
❗：八王子駅から左入へのバスは1時間に1本の運行。事前に時刻表とバス乗り場の確認を
問：小宮公園サービスセンター ℡042-623-1615

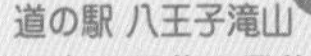

道の駅 八王子滝山　食 買

八王子産の野菜や果物、畜産物などを扱う農産物直売所、地元食材を生かした惣菜の店などが揃い、東京の恵みを存分に楽しめる。
東京都八王子市滝山町1-592-2
℡042-696-1201

埼玉県

里山の古刹と展望を楽しむ

岩殿観音と物見山

いわどのかんのんとものみやま

 135m  1時間30分

里山の古刹（こさつ）を訪ね、展望を楽しむゆる山散歩。埼玉県東松山市に位置する物見山は、山頂一帯が物見山公園として整備されています。近くに立つ開山1300年あまりの古刹・岩殿観音（巌殿山正法寺）の拝観と合わせて里山散歩を楽しみましょう。

スタートは高坂駅から。道沿いに彫刻が並ぶ、通称「彫刻プロムナード」を進み、関越道を越えます。西本宿交差点を右折した後、「足利基氏の館跡」の看板を目印に右折、のどかな田園風景の中を進みます。弁天沼を過ぎてすぐ、岩殿観音への参道へ。

岩殿観音は坂東三十三観音霊場の第10番。風格ある観音堂は江戸時代後期の建築といわれています。拝観したら観音堂の左手奥の急な階段を上り、車道を横切って物見山山頂に向かいます。北から東側の眺望がよく、筑波山や日光連山、日光白根山、赤城山などが見渡せます。冬は日光の山々は雪をかぶっています。広場になっていてあずまややベンチもあるので、くつろいでいきましょう。

景色を楽しんだら公園内の散策路を進みます。奥武蔵らしい広葉樹と常緑樹の交じった雑木林で、園内をゆっくり散策したいところです。駐車場に出たら車道を進み、緩やかに下っていくと、こども動物自然公園へ。公園入り口前のバス停から高坂駅に戻ります。

❶岩殿観音の観音堂は江戸時代後期の建築
❷朱塗りの橋が目を引く弁天沼
❸物見山の山頂にはあずまやが立つ。景色を楽しみ一息つこう

食

武蔵野うどん

埼玉県西部で人気が高い「武蔵野うどん」。東京都の多摩地域から埼玉県西部の武蔵野台地は小麦の産地で、うどんが家庭の味として食されていた。こしのあるうどんを肉汁などのあたたかい汁につけて食べるのが定番だ。

- 🚉：東武東上線高坂駅下車
- ▶：高坂駅（45分）弁天沼（10分）岩殿観音（5分）物見山（30分）こども動物自然公園バス停
- WC：物見山公園駐車場にあり
- 💡：バスに乗らずに高坂駅まで歩いて戻ることもできる。所要30～40分
- 問：東松山市観光協会 ☎0493-23-3344

千葉県

海岸の向こうに鋸山

高崎公園

たかさきこうえん

約70m　1時間40分

JR内房線の岩井駅周辺は、とみやま水仙遊歩道や道の駅「富楽里(ふらり)とみやま」など、見どころの多いエリアです。岩井海岸の海岸沿いに位置する高崎公園は高台にあり、少しの歩きで展望を楽しめます。

岩井駅をスタートし、「岩井神社、高崎公園」方面の道標に従って進みます。途中には樹齢1000年以上といわれる大蘇鉄(そてつ)があります。岩井神社あたりからは、のどかな里山風景の中を歩いていきます。

内房線の線路沿いに進むと、高崎公園の駐車場に到着。ここから舗装道路を上っていきます。かなり傾斜がきついので、ゆっくりと歩きましょう。上っていくにつれ、眼下に岩井海岸が現れます。海岸の向こうには鋸山(のこぎりやま)の姿も。

途中で「高崎公園」の道標に従って山道へ。丸太の急な階段を上ると、あずまやとベンチのある展望台にたどり着きます。岩井海岸がきれいな湾の形をしているのが眺められます。真っ青な海の向こうには三浦半島、さらに富士山や箱根の山々、伊豆半島も見渡せるでしょう。

景色を楽しんだら来た道を戻り、駐車場の先で線路をくぐって岩井海岸まで足を延ばしてみましょう。海岸からの富士山の眺めも見事です。海岸沿いを進み、民宿街を通って岩井駅を目指します。

❶高崎公園内、展望台から海岸線の眺め。海の向こうに三浦半島や伊豆半島も眺められる　❷立派な枝振りの大蘇鉄
❸岩井海岸は富士山のビュースポット

観

とみやま水仙遊歩道

1月に見頃を迎える、房総の早春の風物詩・スイセン。岩井駅から徒歩20分ほどのところにとみやま水仙遊歩道があり、丘陵地帯に咲き乱れるスイセンを愛でながら散策が楽しめる。遊歩道に向かう道沿いもスイセンが多い。

千葉県南房総市二部

- 🚉：JR内房線岩井駅下車
- ▶：岩井駅（30分）駐車場（20分）高崎公園展望台（35分）岩井海岸（15分）岩井駅
- WC：岩井駅、岩井海岸にあり
- 💡：散策後にとみやま水仙遊歩道に立ち寄ってもよい。花の見頃は1月中旬～2月上旬
- 問：南房総市観光協会
  TEL0470-28-5307

埼玉県

低山とは思えぬ展望

柏木山

かしわぎやま

303m　1時間40分

池袋から西武線を利用すれば、1時間ほどでアクセスできる埼玉県飯能市。住宅街のすぐそばに豊かな森があったり、清流名栗（なぐり）川（入間川）が流れる、自然を気軽に楽しめるのが魅力の町です。駅から歩いて登れる天覧山をはじめとする、「ゆる山」の宝庫でもあります。

柏木山は標高300メートル程度でありながら、すばらしい展望が自慢の山。天気のよいときを狙って出掛けましょう。

スタートは永田大杉バス停から。ドレミファ橋で名栗川を渡ります。この辺りは「吾妻峡（あづまきょう）」と呼ばれ、渓谷散策を楽しむ人にも人気です。橋を渡ったら、川を右手に見ながらしばらく車道を進み、茜台自然広場から山に向かっていきます。

途中からゴルフ場のフェンスが現れるので、フェンスに沿って進んでいきます。ところどころに手書きの道標があり、心が和みます。

小さなアップダウンを繰り返し、ようやく柏木山の山頂へ。南側に連なるのは丹沢や奥多摩の山々。富士山も頭をのぞかせています。空気が澄んだ日なら、東側に都心のビル群やスカイツリーもくっきりと眺められるでしょう。ベンチやテーブルでゆっくり休んでいきましょう。

帰りは来た道を戻り、永田大杉バス停へ向かいます。

❶柏木山山頂。ベンチなどがあり、景色を眺めてくつろげる ❷山頂周辺ではウラジロシダの群生が見られる ❸森の妖精を思わせる木のオブジェ

食

四里餅

飯能市の銘菓、大里屋本店の四里餅（しりもち）。大きな大福餅で、木材を川で運搬するのに、筏師（いかだし）たちが餅を食べて4里の急流を尻餅をつかずに乗り切ったというのが名前の由来。

埼玉県飯能市永田453

TEL042-972-3600

🚌：西武池袋線飯能駅からバス10分、永田大杉下車

▶：永田大杉バス停（15分）茜台自然広場（35分）柏木山（50分）永田大杉バス停

WC：道中になし。バス停近くのコンビニなどで

ⓘ：永田大杉バス停近くには飯能銘菓・四里餅の大里屋本店がある

問：奥むさし飯能観光協会

TEL042-980-5051

神奈川県

鎌倉の森と眺望を楽しむ

勝上嶽

しょうじょうけん

147m　2時間00分

1年を通じてゆる山歩きが楽しめる鎌倉。常緑樹の森は冬でも青々と木々が茂っています。JR横須賀線の北鎌倉駅から天園ハイキングコースの一部を歩くルートで、深い森の雰囲気と、相模湾の展望を楽しみましょう。

北鎌倉駅から明月院（めいげついん）方面に進み、明月院の先から道標に従って天園ハイキングコースの入り口へ。古い石段のまじった道を上っていきます。ところどころで右側の視界が開け、相模湾が眺められます。

小さなアップダウンをしながら進み、広場状になった勝上嶽に到着。南側の眺望が開け、相模湾が見渡せます。白く雪をかぶった富士山がそびえ、その右に連なるのは丹沢の山々、左側は箱根や伊豆半島。天気に恵まれれば伊豆大島も眺められるでしょう。

勝上嶽で景色を十分に楽しんだら、瑞泉寺（ずいせんじ）方面に進みます。少し進んだところに古い石仏が並ぶ十王岩があります。相模湾の眺めがよく、鶴岡八幡宮からまっすぐ伸びる若宮大路もよく分かります。

覚園寺（かくおんじ）との分岐で右折し、覚園寺方面に下ります。舗装道路に出るとほどなく白い鳥居の鎌倉宮。ここからバスで鎌倉駅に向かうのもよし、鶴岡八幡宮を拝観し、小町通りや若宮大路でショッピングやグルメを楽しみながら、歩いて鎌倉駅を目指すのもよいでしょう。

❶勝上嶽からは箱根や丹沢の山の向こうに富士山の姿が　❷風化した磨崖仏に歴史を感じる十王岩　❸常緑の森を進む。石が露出した道は慎重に進む

観

永福寺跡（ようふくじ）

奥州平泉の戦で亡くなった将兵の鎮魂のため、建久5(1194)年に源頼朝が建立した寺院の跡。頼朝の没後、幕府のサロンとして使われていたが、応永12(1405)年の火災で廃絶。発掘調査により見つかった、建物の基壇や池などを復元し、史跡公園として公開している。

🚉：JR横須賀線北鎌倉駅下車

▶：北鎌倉駅（20分）天園ハイキングコース入り口（30分）勝上嶽（20分）覚園寺分岐（20分）鎌倉宮（30分）鎌倉駅

WC：鎌倉宮に公衆トイレあり

ⓘ：勝上嶽から半僧坊を経由して建長寺に下り、北鎌倉駅に下山もできる。下り始めの石段が急なので注意

問：鎌倉市観光協会
TEL 0467-23-3050

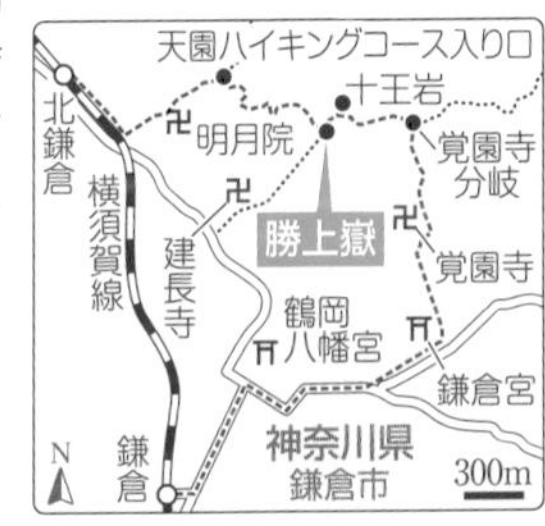

車力道から石切り場の跡を巡る

鋸山

のこぎりやま

330m　2時間00分

海の景色を山から眺める、ゆる山歩きはいかがでしょう。房総半島の鋸山は、標高300メートル程度ながらもすばらしい景色が自慢の山。かつては石材の産地でもあり、石はかまどなどの材料に使われていたといいます。

浜金谷駅から、車力道（しゃりき）コースで頂上展望台を目指しましょう。山頂近くで切り出された石材を、山麓に運ぶために整備された道です。石畳状に石が敷かれていたり、岩が溝状に掘られていたりする中を歩いていきます。

上っていくと石切り場の跡を間近に見られるようになります。ほどなく、鋸山山頂・東京湾が見える展望台と、日本寺・地獄のぞき方面への分岐へ。鋸山の山頂への道はアップダウンが激しく足場の悪いところもある健脚向け。今回は日本寺・地獄のぞき方面へ向かいます。岩舞台と呼ばれる広場を過ぎ、急な岩の階段を上り切ると日本寺の北口管理所へ。拝観料を納めて入場します。

さらに石段を上ると、頂上展望台からは青々とした海が見渡せます。対岸の三浦半島や富士山、伊豆大島も一望のもと。石切場の垂直な岩壁から突き出したテラス、地獄のぞきにも足を運びましょう。展望がすばらしいですが、柵があっても足がすくみます。景色を満喫したら、ロープウエー山頂駅に向かい、山麓駅に下ります。

❶足元が切れ落ちている地獄のぞき。対岸の展望台から撮影すると迫力満点　❷石切場跡が間近に眺められる　❸天気に恵まれれば富士山も一望に

食

アジフライ

房総半島の名物のひとつがアジフライ。身がふわふわ、脂がのってジューシーなアジは、フライにするとおいしさが引き立つ。金谷港周辺には、アジフライをはじめとする漁師料理が味わえる店が点在。お腹をすかせて訪れたい。

- 🚉：JR内房線浜金谷駅下車
- ▶：浜金谷駅（30分）車力道入口（40分）岩舞台（30分）山頂展望台（20分）鋸山ロープウエー山頂駅
- WC：道中になし。ロープウエー山頂駅にあり
- ❗：石畳や岩が露出した道はぬれると滑りやすいので十分に注意。ロープウエーは荒天時、強風時は運休
- 問：富津市観光協会 TEL 0439-80-1291

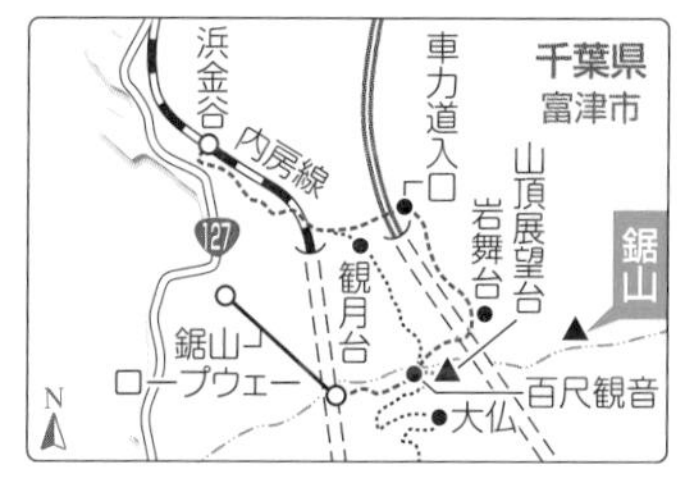

東京都・神奈川県

氷の花を求めて冬枯れの山へ

陣馬山

じんばさん

855m　1時間30分

氷の花を見に、山に出掛けませんか。「シモバシラ」という草があり、冬になると枯れた茎に残った水分が凍り、草の根元に白い氷がオブジェのように現れます。東京近郊では、高尾山や陣馬山がシモバシラの氷花を見られるスポットとして知られています。

陣馬山で氷花が見られるのは例年12月下旬から1月半ばで、よく晴れて気温の低い日が狙い目。必ずしも見ることができるとは限りませんが、シモバシラを探して冬枯れの山を歩くのもよいものです。

陣馬山に向かうルートはいくつかあり、いずれも本格的な山道になります。最短で山頂に立てるのは、和田峠からの登山道で、登り30分ほど。和田峠まではバスの便がなく、マイカーまたは藤野駅からタクシー利用となります。丸太の階段を交えた登りで、明るい広葉樹の中を歩いていきます。歩きながら注意深く足元や登山道の脇を見ていくと、小さな氷の花が見られるかもしれません。

上り切ると白い馬の像が立つ山頂に到着。草地の広場になっていてくつろげます。眺めがよく、富士山や丹沢、奥多摩の山々などもきれいに見渡せます。

山頂からは一ノ尾尾根を経由して和田バス停へ下ります。下り始めの丸太の階段の脇にも、シモバシラの氷花をあちこちで見ることができるかもしれません。

❶陣馬山の山頂からは富士山がきれいに見渡せる
❷陣馬山の山頂に立つ白馬の像
❸登山道沿いにシモバシラの氷花を発見！

観 買

藤野観光案内所ふじのね

JR中央本線藤野駅の駅前にある観光案内所。観光情報を提供するだけでなく、藤野産の特産品や新鮮な農産物などを販売している。中でも藤野の特産品であるユズを使った製品がおすすめ。

神奈川県相模原市緑区小渕1702-3 TEL042-687-5581

- 🚃：JR中央本線藤野駅からタクシーで20分
- ▶：和田峠（30分）陣馬山（30分）一ノ尾尾根分岐（30分）和田バス停
- WC：和田バス停、陣馬山山頂にあり
- ⚠：下山後は和田バス停からバスで藤野駅へ。本数が少ないので最新のダイヤで時刻表の確認を
- 問：藤野観光協会 TEL042-684-9503

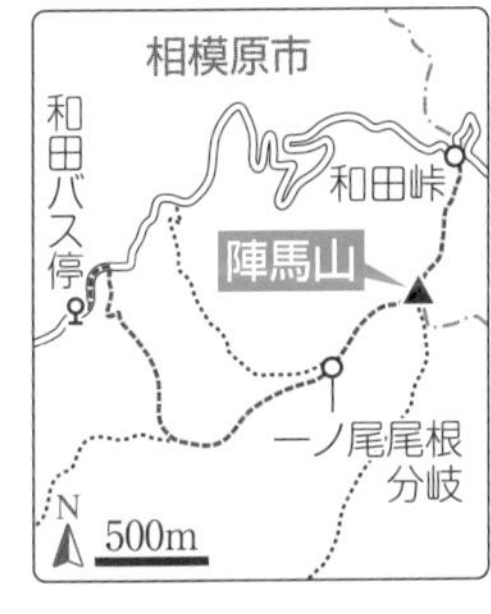

日だまりの尾根歩き

長瀞アルプス

ながとろあるぷす

497m　2時間35分

低山の日だまりハイキングに出かけませんか。木々が葉を落とす冬、広葉樹の森はさんさんと日の光が降り注ぎ、地面は落ち葉でふかふか、歩くとザクザクと音がします。

埼玉県長瀞町の宝登山は、山頂に梅林のある梅の名所。山頂から北側に続くなだらかな尾根は「長瀞アルプス」と呼ばれ、ハイカーにも人気のルートです。

スタートは秩父鉄道野上駅。「長瀞アルプス」の道標に従って進み、萬福寺の先から登山道に取り付きます。斜面を上り、尾根道に出ると明るい広葉樹の林。やわらかな日差しを浴びながら歩きます。木々が葉を落としているため、周りの山々が連なっているのも見渡せていい気持ちです。

奈良沢峠の先でいったん車道に出て、毒キノコの注意看板が立つ山頂直下で再び山道に。かなり急な階段が続きます。息を整えながら、ゆっくり上りましょう。

頑張って上り切ると宝登山の山頂に到着。秩父の名峰・武甲山や両神山が一望のもと。南側斜面がロウバイや梅の樹林になっており、よい匂いが漂います。見頃の時季は多くの人でにぎわいます。

山頂からロウバイが咲く中を下ると5分ほどで宝登山ロープウェイの山頂駅へ。ロープウェイで山麓駅まで下れば、長瀞駅までは20分ほどの道のりです。

❶宝登山山頂、ロウバイの花越しに武甲山を望む　❷つやつやとしたロウバイの花　❸ロープウェイ山頂駅近くにはフクジュソウも見られる

宝登山山頂レストハウス　食

宝登山ロープウェイの宝登山頂駅そばに建つレストハウス。うどんやそばなどの軽食のほか、秩父名物のみそポテトなども味わえる。ガラス張りの店内からは、秩父の山並みが一望できて気持ちがよい。下山前に一息ついていきたい。

電車：秩父鉄道野上駅下車

コース：野上駅（15分）萬福寺（70分）野上峠（60分）宝登山（10分）ロープウェイ山頂駅

WC：野上駅、宝登山ロープウェイ山頂駅、山麓駅にあり

見頃：ロウバイの見頃は1月中旬～２月上旬、梅の見頃は２月上旬～３月上旬

問：長瀞町観光協会

TEL 0494-66-3311

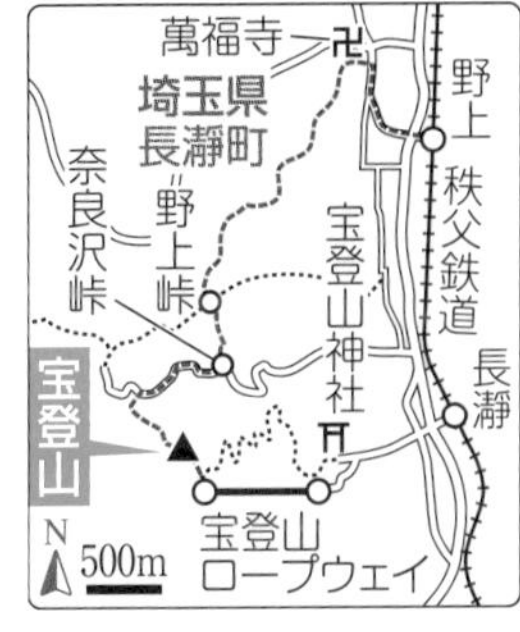

神奈川県

青い海と梅の花が競演

田浦梅の里

たうらうめのさと

約120m

1時間40分

青い海を間近に望む梅の名所を訪ねてみませんか。三浦半島、神奈川県横須賀市の田浦梅の里は、「かながわの花の名所100選」にも選ばれた梅林。小高い丘陵地に整備された庭園に、2000本を超える梅の木が植栽されています。例年、梅の花の見頃は2月中旬から3月中旬です。

JR横須賀線田浦駅から国道16号を進み、交番の先で左折して梅の里の入り口を目指します。京浜急行の線路をくぐるとすぐに「田浦梅の里」の看板が。トイレと案内地図のある入り口から竹林を眺めながら階段を上っていきます。長い階段なので、息を整えながらゆっくりと歩いていきましょう。

上り切るとほどなく梅林に到着。散策路が整備され、紅白の梅がよい匂いを漂わせています。足元のスイセンの花も彩りを添えています。園内にはあずまややベンチもあるので、休憩しながら景色を楽しんでいくとよいでしょう。散策路を進むと芝生の広場になり、レトロな姿の展望塔がありま す。展望塔の頂上からは、眼下に横須賀の港が広がり、東京湾や房総半島なども一望できます。

景色を十分に楽しんだら、北側に伸びる散策路を下ります。心地よい樹林を進み、階段を下って山麓に出たら、川沿いの道へ。住宅街から再び国道16号に出て、ゴールの田浦駅を目指します。

❶梅の樹林越しに相模湾を見渡せる　❷芝生広場に立つ昭和レトロな展望台に上って景色を楽しもう　❸青空に白い梅の花が咲き匂う

観

県立塚山公園

園内の見晴台からは房総半島や横浜、横須賀港が見渡せる。園内には徳川家康の外交顧問として活躍したウィリアム・アダムス(三浦按針)と妻の供養塔「安針塚」が立つ。神奈川県横須賀市西逸見町・山中町・長浦町

🚉：JR横須賀線田浦駅下車
🚩：田浦駅(30分)梅の里入り口(20分)展望塔(50分)田浦駅
WC：梅の里入り口、梅の里園内にあり
💡：梅の開花状況は、「横須賀市の公園情報サイト」で確認をすることができる
問：横須賀市観光案内所
TEL 046-822-8301

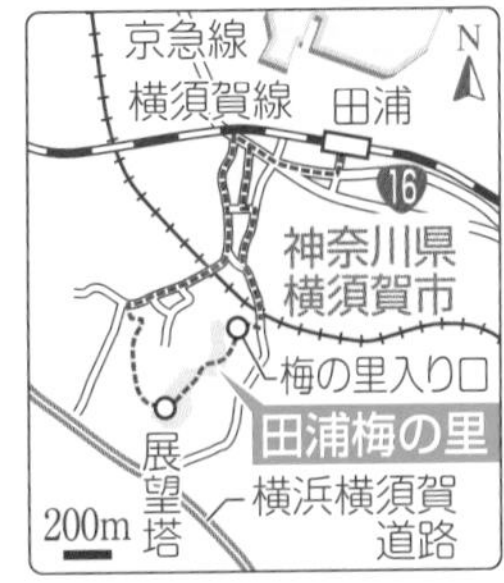

山麓で咲き匂う紅白の梅

筑波山梅林

つくばさんばいりん

約250m　1時間00分

梅は早春に咲く花の代名詞。全国各地に梅林がありますが、日本百名山のひとつにも数えられる筑波山の麓にも梅林があります。筑波山の南側山麓の標高２５０メートルのあたり、約１０００本の白梅、紅梅を見ることができます。

例年の開花時期は２月から３月、見頃の時季に合わせて梅まつりが開催されています。梅林の最寄りのバス停は筑波山神社入口。筑波山神社でお参りをしてから梅林に向かいましょう。

梅林の中は散策路が整備されています。麓の観梅広場から、ゆるやかに上っていきます。梅林の中を歩くとあたり一面が梅の匂いに満たされ、まさに「咲き匂う」感じです。ところどころに筑波石と呼ばれる巨石も点在し、景色のアクセントになっています。

見返り縁台や菱露台などの展望ポイントにも立ち寄りましょう。最上部の展望四阿（あずまや）からは、斜面を埋めるように広がる梅林と、その向こうに関東平野が見渡せて気分爽快です。晴れて空気の澄んだ日は、東京の高層ビル群や富士山も眺められます。

梅まつりの期間中は、ガマの油売りの口上や、野点（のだて）茶会など、さまざまなイベントが開催されています。山麓の店で、梅を使った期間限定メニューを味わうこともできます。

やわらかな色合いの紅梅が咲き乱れ、一面がよい匂いに包まれる

食

つくばうどん

つくば市のご当地グルメで、筑波山の茶店や、山麓の食堂などで味わえる。つ＝鶏つくね、く＝くろ野菜（ごぼうやしいたけ）、ば＝豚バラ肉など、地元産の食材を使ったうどんで、地元産の蓮根パウダーを練り込んだ麺を使用している。

：つくばエクスプレスつくば駅からバス40分、筑波山神社入口下車

：筑波山神社入口バス停（10分）筑波山神社（15分）観梅広場（園内周遊30分）観梅広場（5分）筑波山神社入口バス停

WC：筑波山神社入口バス停、梅林内にあり

：つくば駅から筑波山へのシャトルバスは1時間に1〜2本の運行

問：つくば観光コンベンション協会 TEL029-869-8333

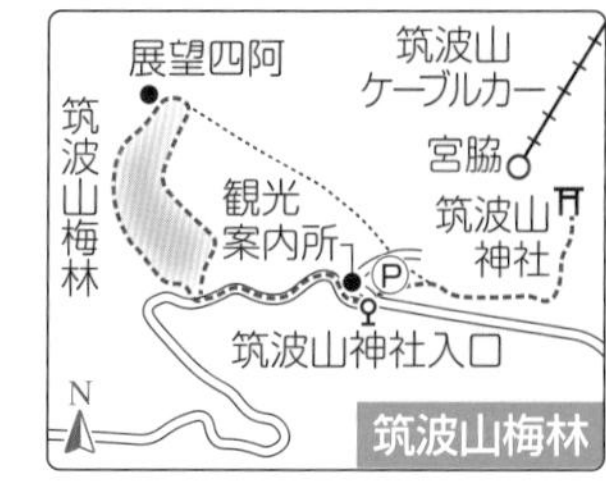

神奈川県

三浦半島望む展望の頂へ

大楠山

おおぐすやま

241m　2時間10分

山を歩いて海の眺めを満喫。ひんやりとした空気が心地よい季節、展望のゆる山歩きはいかがでしょう。三浦半島の最高峰、標高241メートルの大楠山は展望自慢の山です。山頂に向かうルートはいくつかありますが、短時間で山頂に立てて、自然の雰囲気も味わえる阿部倉からのルートで歩いてみましょう。

大楠登山口バス停をスタートし、住宅街を進みます。ところどころに道標があり、初めは「阿部倉温泉」方面に向かいます。スタートから20分ほどで阿部倉温泉と大楠山方面の分岐で大楠山方面へ。横浜横須賀道路の下をくぐり、山道に取り付きます。常緑樹の深い森は、冬でも木々が青々と茂っています。急な丸太の階段の交った道を進み、右手にゴルフ場が現れると山頂まではあと一息。

広々とした山頂は西側の展望が開け、相模湾が一望に見渡せます。三浦半島の形がよく分かり、天気に恵まれれば伊豆大島も眺められます。山頂には河津桜が植栽されており、見頃の時季には濃いピンクの花が青空によく映えます。ゆっくり時間をとって、絶景を楽しみましょう。

帰りは芦名口方面へ下ります。舗装された道を自然景観を楽しみながら歩ける、なだらかで歩きやすいルートです。道中で河津桜を見ることもできます。

❶2月～3月上旬には早咲きの桜も見られる　❷山頂の看板は木々に囲まれている　❸山頂からは三浦半島が眺められる

観

天神島臨海自然教育園

天神島は周囲1km程度の小さな島。火山灰を含んだ黒っぽい岩礁が広がっている。多くの海岸動物や海浜植物が生息しており、中でも夏に開花するハマユウはこの地が自生北限となる貴重な植物で、神奈川県の天然記念物となっている。

- 🚉：JR横須賀線逗子駅または京浜急行新逗子駅から京急バス20分、大楠登山口で下車
- ▶：大楠登山口バス停（20分）阿部倉温泉分岐（50分）大楠山（60分）大楠芦名口バス停
- WC：大楠芦名口付近にあり
- ！：山頂に咲く河津桜の見頃は2月中旬～3月上旬
- 問：横須賀市観光案内所
  TEL046-822-8301

気兼ねなく山を歩ける喜びを胸に。
これからもよい山行を。

西野淑子（にしの・としこ）

関東近郊を中心に、オールラウンドに山を楽しむフリーライター。日本山岳ガイド協会認定登山ガイド。著書に『ゆる山歩き　思い立ったら山日和』『もっとゆる山歩き　いつだって山日和』『もっともっとゆる山歩き　まいにちが山日和』（東京新聞）、『東京近郊ゆる登山』（実業之日本社）など。

写真提供 ……… ごりやくの湯、つくば市、みどり市観光協会

地図製作 ……… 東京新聞編集局デザイン課

またまたゆる山歩き　その気になったら山日和

2024年1月31日　初版発行

著　者 ………… 西野淑子

発行者 ………… 岩岡千景

発行所 ………… 東京新聞

〒100-8505　東京都千代田区内幸町2-1-4

中日新聞東京本社

電話［編集］03-6910-2521　［営業］03-6910-2527

FAX 03-3595-4831

印刷・製本 ….. 株式会社シナノ パブリッシング プレス

デザイン ……… 馬場絵理

ISBN978-4-8083-1095-0 C0075